VOCÊ, CIÊNCIA e ESPIRITUALIDADE

VOCÊ, CIÊNCIA e ESPIRITUALIDADE
José Jacyr Leal Junior

Revisão
Maria Ofélia da Costa

Projeto Gráfico/Capa/Diagramação
José Jacyr Leal Junior

Impressão/Acabamento
Digitop Gráfica Editora

Esta obra não pode ser reproduzida, no todo ou em parte, qualquer que seja o modo utilizado, incluindo fotocópia ou xerocópia, sem prévia autorização do autor. Qualquer transgressão à Lei dos Direitos Autorais estará sujeita às sanções legais.

Sarvier Editora de Livros Médicos Ltda.
Rua Rita Joana de Sousa, nº 138 – Campo Belo
CEP 04601-060 – São Paulo – Brasil
Telefone (11) 5093-6966
sarvier@sarvier.com.br
www.sarvier.com.br

Dados Internacionais de Catalogação na Publicação (CIP)
(Câmara Brasileira do Livro, SP, Brasil)

Leal Junior, José Jacyr
  Você, ciência e espiritualidade / José Jacyr Leal Junior. -- São Paulo, SP : Sarvier Editora, 2022.

  ISBN 978-65-5686-024-4

  1. Desenvolvimento pessoal 2. Deus (Cristianismo) – Adoração e amor 3. Espiritualidade 4. Gratidão – Prática 5. Mudança de atitude 6. Mudança de vida 7. Tomada de decisão 8. Transformação I. Título.

22-106104   CDD-158.1

Índices para catálogo sistemático:
1. Gratidão : Desenvolvimento pessoal : Psicologia   158.1
Eliete Marques da Silva – Bibliotecária – CRB-8/9380

Sarvier, 1ª edição, 2022

VOCÊ, CIÊNCIA e ESPIRITUALIDADE

JOSÉ JACYR LEAL JUNIOR

Médico, Especialista em Ginecologia, Obstetrícia e Ultrassonografia. Nascido em 08 de maio de 1960, brasileiro, natural de Curitiba – PR. Médico do Corpo Clínico Hospital Santa Cruz e Santa Brígida. Diretor Médico do Centro de Avaliação Fetal Batel SS Ltda. Presidente do Instituto Jacyr Leal e FRAT.ER BRASIL Ltda. Idealizador do Programa SUPERCONSCIÊNCIA/FAMÍLIA DO FUTURO. Criador do Método Prático MEDICINA CONATIVA.

sarvier

Agradecimento

Desde o primeiro livro, que escrevi no início do Programa SUPER-CONSCIÊNCIA/FAMÍLIA DO FUTURO, aproveitei este espaço protocolar de agradecimentos para também inspirar as pessoas a se sentirem bem, logo no início e de diversas maneiras.

Habitualmente, nas obras literárias os autores utilizam sabiamente este momento para enaltecer pessoas especiais, principalmente membros da própria família como maridos, esposas, pais, filhos..., mestres, todos seres humanos inspiradores. E eles estão certos, eu apenas pensei em algo diferente. Para falar a verdade, por mais que eu tente, não consigo ser "protocolar", sou o que sou e sempre quero agradecer a você.

Grande parte dos meus dias penso no outro.

Penso em você porque celebro por estar aqui contigo, penso no mundo e na vida que pode sim ser melhor para todos, isto se acreditarmos nela, compreendermos os acontecimentos, os relacionamentos, tornarmo-nos capazes de encontrar novos e maiores significados para tudo e, por fim e bastante importante, fazermos novas escolhas.

Não julgue que isso tudo seja alguma neurose minha (mesmo que provavelmente seja), no entanto, desde muito cedo na vida, e com o egoísmo natural da infância, descobri que se você (o outro) estiver bem eu também estarei. Olha só! Este é um dado muito significativo.

Você carrega um universo de informações e experiências que faltam em mim, desse modo posso aprender com você, se eu abrir meus olhos e assim me permitir. Em troca, posso entregar tudo o que tenho de melhor, maior, porém, não poucas vezes, muitos verão o meu pior. É preciso coragem para se expor. Mas, "somos instrumentos de Deus".

Os inúmeros relacionamentos aos quais somos apresentados durante a vida são como professores. Um idoso, que já se vê no momento de despedida, imagine o quanto ainda podemos aprender com ele, uma criança que acaba de chegar, juntos aprenderemos muito mais.

Podemos e devemos aprender a dar banho em um recém-nascido (também no idoso), trocar as fraldas da criança (também do idoso), ter tolerância com choros noturnos e diurnos (de ambos) e com os nossos próprios lamentos, em meio às lágrimas, e aprender a amar ainda mais, mesmo quando tudo der errado.

Todos somos professores quando nos posicionamos para saber cada vez mais, portanto, também alunos, que, por fim, entenderam o processo da vida. Pensando assim, não temos como não agradecer.

E neste momento, do último livro, é hora de sentir, pensar e expor gratidão total àquele que veio ao mundo para nos ensinar a acreditar, compreender, ressignificar e fazer as novas escolhas. Nosso Deus.

VOCÊ CIÊNCIA E ESPIRITUALIDADE não é apenas um livro cristão, é um livro que procura a todo momento falar do mundo, da ciência, da vida, com um olhar cristão. Na verdade, o que quero dizer a você é que este não é um livro religioso, por mais que devemos olhar e prestar gratidão para todas as religiões.

Este livro, e todo o Programa, tem por objetivo maior permitir refletir, aprender e sermos gratos. Neste momento, principalmente a você, leitor, por estar aqui até agora. Eu e você, juntos e sempre com Ele, em um estado de graça. Agradecimento, afinal, é o comando de um programa cerebral, inventado pelo universo, para promover felicidade.

Aprenda, treine e aproveite ao máximo.

O Autor

Sumário

EPÍGRAFE 9

PREFÁCIO 11

INTRODUÇÃO 15

Capítulo **I**
UM CAMINHO INDIVIDUAL 21

Capítulo **II**
A DIMENSÃO ESPIRITUAL 28

Capítulo **III**
HÁ UMA ORDEM ATÉ NÓS 31

Capítulo **IV**
AGRUPAR E COLABORAR 35

Capítulo **V**
ACREDITAR 38

Capítulo **VI**
DES-ACREDITAR 42

Capítulo **VII**
RESSIGNIFICAR O QUE APRENDEU 48

Capítulo **VIII**
ESCOLHA O SEU MELHOR 56

Capítulo **IX**
O REAL E O IMAGINÁRIO 62

Capítulo **X**
CONVICÇÃO... 65

Capítulo **XI**
RECLAMAR OU APRENDER?............................... 70

Capítulo **XII**
QUANDO FOR GRAVE DE FATO?......................... 75

Capítulo **XIII**
ADORO SER LOUCO.. 85

Capítulo **XIV**
O QUE ENCONTRAREMOS NO CÉU..................... 93

Capítulo **XV**
COMO TRATAR O TEMPO?.................................. 95

Capítulo **XVI**
FELICIDADE OU CONTENTAMENTO? 105

Capítulo **XVII**
O QUE NÃO CONSEGUIMOS ENXERGAR? 112

Capítulo **XVIII**
NA DIREÇÃO DA ETERNIDADE............................ 118

POSFÁCIO 120

BIBLIOGRAFIA 125

BREVE CURRÍCULO 128

Epígrafe

Paz é um lugar repleto de amor.
E onde existe amor lá estará a fé.
Fé em si mesmo, na vida, no outro.
Onde existe este outro
sempre haverá ali um grande Deus.
Deus de ternura, esperança...
Também um Deus de paciência,
porém, um Pai cobrador.
Deus de sabedoria,
que planta conhecimento
para colhermos contentamento.

Precisamos aprender a cuidar,
crescer, proteger, nos orgulhar,
Aceitar podas, privações,
as muitas dores do mundo,
na certeza de que estamos todos,
todos nós, de mãos dadas
com Ele, o único, maravilhoso,
O grande Pai.

O Autor

PREFÁCIO

Quando soube que o Dr. Jacyr procurava alguém para escrever o prefácio deste livro, confesso que me senti tentada a fazer o que fiz. E fiz.

Como religiosa e como pessoa, assumi forte compromisso com a verdade, com as minhas crenças, e eu não sabia muito bem o que encontraria nas páginas desta obra. Pedi para ele o boneco do livro recém-terminado, alegando curiosidade e que pensaria em um bom nome para fazer o prefácio. E ele prontamente me entregou.

Por mais que conheça (de longe) o autor há alguns anos, seu comportamento e até suas falas estão sempre procurando ajudar ao próximo..., a princípio pensei, um leigo misturando ciência e espiritualidade?

- Entretanto, já nas primeiras páginas pude constatar algo muito bom, que até não seria uma surpresa para mim, pelo que disse conhecer dele, a determinação do autor para construir uma linda ligação entre os leitores e grandes valores universais, que devem nos acompanhar, lado a lado e por toda a vida.

Amizade, fé, servir..., tomadas em uma linguagem singular e própria que busca respeitar as diversas crenças e visões do mundo.

A humanidade nunca precisou tanto do resgate das relações espirituais e, porque não, religiosas. E um médico, que se dedica ao outro, um a um em seu consultório, em seu trabalho diário, mostra que aprendeu a olhar algo a mais nesse outro, além do que pôde extrair dos livros de medicina. Dia a dia tornou-se capaz de enxergar um poder gigante e particular em cada um que, com certeza, potencializa o processo de cura.

Vou contar mais uma coisa para você leitor, um segredo que o Dr. Jacyr me antecipou. Com toda experiência e visão de vida formada, Dr. Jacyr também construiu e irá apresentar em breve uma maneira nova para olhar e praticar a medicina. É a medicina sob o ponto de vista do poder de cura de cada um e não mais apenas do médico. Logo você conhecerá o que ele desenvolveu e chamou de Medicina... Melhor deixar para ele contar tudo, porém, já me adiantou que será seu próximo livro, um legado que, para mim, mais pareceu um presente para a humanidade. Apenas escrevi isso aqui porque deixei transbordar a minha felicidade e tem muito a ver com o espiritual em todos nós. Espero que ele não se importe do meu fuxico.

Voltemos a este livro (apesar que tudo se mistura e somos unidade). Acreditar em si mesmo, acreditar em uma força maior..., para um médico, torna a medicina muito além do olhar da maioria. Algo realmente especial. Aliás, não era esse poder que as pessoas procuravam em um curandeiro no passado, e durante toda a história, antes de existirem os "livros de medicina" e a academia? Parece que os próprios "livros" só puderam ser escritos graças a essas forças maiores que o Dr. Jacyr gosta tanto de exortar.

Fazer todo o possível (e às vezes o que parecia impossível) para levar essas observações para as pessoas faz com que este grande Programa SUPERCONSCIÊNCIA/FAMÍLIA DO FUTURO alcance um valor inestimável, assim como parece ser o coração deste médico. Ele está fazendo o mesmo com o meu coração e, por que não, o seu?

Todo o Programa é um verdadeiro processo terapêutico, cura para quem se predispor a ler e estudá-lo, do início ao fim. E, principalmente, praticá-lo.

Logo que terminei de ler o boneco do oitavo livro, ficou ainda mais forte a vontade de eu mesma escrever o prefácio. O próprio título me deu a certeza de que seria capaz de fazê-lo. A importância do Você!

Para me capacitar ainda mais, passei prontamente a ler o primeiro e exatamente neste momento estou já no terceiro livro da coleção. São oito passos que ajudam muito no crescimento, como pessoas únicas, relacionais e, agora eu digo com toda força, por que não, espirituais?

- Como fala o autor:

- "Passamos por sete tópicos da vida, agora, neste último, vou deixar você de mãos dadas com Deus". Que lindo isso!

PREFÁCIO **13**

Dr. Jacyr Leal sempre afirma que desconhecidos são apenas pessoas que não se conheceram ainda. Nossa! Devo exclamar! Mas..., por que eu não havia pensado nisso ainda?

Curioso! O "por que não pensar nisso" é a chave para abrir portas e irmos muito além do que fomos capazes de pensar até então. Reflexão é o objetivo do autor. Apenas isso, por que ter medo? Medo de crescer e aliviar dores do mundo? Por que não ser feliz?

Fazer você crer na intencionalidade de Deus sobre a sua vida, fazer você acreditar que foi feito para dar certo – ou você acha que Deus criou você para dar errado? Fazer você crer que o outro – seu parceiro, irmão, amigo, companheiro de trabalho, escola, clube..., por onde você andar, também carrega a mesma origem e intenção de Deus...

Dr. Jacyr empresta outra visão do amar ao próximo como a si mesmo, enquanto refaz a nossa noção de onde viemos, o nosso destino e a proximidade de tudo com Deus.

Em cada capítulo é possível enxergar a vontade de explicar "as coisas boas da vida" de uma maneira muito peculiar, própria do autor em uma didática que encanta. Como ele mesmo diz, "...não é perfeita, por que não sou, não é completa, porque não sei tudo, mas cada palavra, cada livro carrega tudo o que eu sei". Isto é entrega.

Além de entrega, demonstra a cada momento a vontade de um médico em ajudar de modo pleno aquele paciente que vem à consulta em busca de alívio e solução para tantas dores. Aos poucos, e cada vez mais, tornou-se capaz de transformar todo o conhecimento de uma vida em palestras, essas que por anos ministrou gratuitamente em tantos lugares, escolas, igrejas, clubes, comunidades terapêuticas e até para o governo – para menores em conflito com a lei. Tanta gente precisando muito enxergar além. Todos nós.

Dr. Jacyr sorri e se encanta quando diz que é verdade, nunca cobrou (dinheiro), mas ganhou séculos de experiência e aprendizagem com a riqueza e sabedoria que recebeu de cada um que cruzou o seu caminho (e o ensinou). Hoje, cobra apenas de quem pode porque foi convencido que dessa maneira suas ideias poderiam também ir muito mais além. É..., precisamos caminhar neste mundo, e não em um imaginário qualquer.

14 VOCÊ, CIÊNCIA E ESPIRITUALIDADE

Eu poderia, como ainda pretensa autora deste prefácio (espero que ele aceite minha afronta), citar aqui parte a parte desta magnífica obra. Mas, decidi deixar para que você leitor possa receber por si mesmo cada surpresa, cada sentimento que terá no coração, mente e espírito ao ler estas páginas. E como gosta de frisar o autor, já no primeiro livro, elas não são obras completas ou compêndios científicos. São capítulos curtos, sem embromações, para que você aprenda logo e exercite cada passo. Outros livros e textos maiores e de tantos outros autores estão por aí pelo mundo para que você possa se aprofundar no que queira. Também não precisa concordar com tudo o que ele escreve, no entanto, saiba que muitas vezes discordamos apenas porque lemos alguma coisa que não queríamos descobrir em nós, e isso nos desagrada. Sinal de alerta! Releia, releia, releia...

Para encerrar quero dizer que o medo que senti ao ousar encarar a escrever eu mesma o prefácio para este oitavo livro do Dr. Jacyr desapareceu, assim como no lugar veio a grande certeza de que precisamos estudar mais a frase que repetimos muitas vezes e sem um profundo pensar:

- "Amar a Deus sobre todas as coisas e ao próximo como a si mesmo".

Como estamos todos em processo de evolução espiritual, permaneço aqui com a certeza de que quem está um pouco mais à frente sempre olhará para você para dizer:

- "Vem! Confie! Acredite! É verdade, há uma luz ali adiante, um caminho maravilhoso, e Ele é para todos nós".

Por todos nós
P.S. SE, se você estiver lendo aqui, ele aceitou minha "afronta".
Este é o Dr. Jacyr.

Irmã Chrystina
Filha de Deus
Filha do Universo, Dele.

Introdução

O início do Programa SUPERCONSCIÊNCIA/FAMÍLIA DO FUTURO se deu sem nenhuma pretensão. Nunca imaginei que sequer aconteceria, muito menos que chegaria até onde estamos agora.

Em agosto de 2003 fui surpreendido pela visita de um casal em meu consultório. Eu, médico, estava trabalhando muito, estressado, angustiado e com uma série de problemas que se avolumavam em minha vida. Conto melhor essa visita pontual e transformadora no livro ALIMENTOS, VIDA E SAÚDE e retorno a ela aqui apenas para mostrar a você o outro lado da história.

Deus é um tema interessante em nossas vidas. Ele se utiliza de inúmeras ferramentas para nosso crescimento, o que geralmente envolve pessoas, mais especificamente, relacionamentos. É preciso entender que tudo tem seu tempo e vale mais a vontade do Pai sobre nosso destino. Porém, ele deseja e espera muito da "nossa vontade".

Permita-me narrar uma pequena história, antes de seguir com o episódio surpreendente do casal em meu consultório.

Conta-se que uma terrível inundação ocorreu em uma cidade. Logo que a intensa chuva começou, as águas começaram a invadir as casas, o que indicava que não seria uma tempestade comum. Um morador solitário, vendo toda aquela água entrando e começando a destruir suas coisas, subiu no telhado apenas com a Bíblia nas mãos e, muito religioso, tinha a certeza de que Deus iria ajudá-lo.

A polícia local, desde muito cedo naquela manhã, passou em cada rua para avisar que o problema seria sério, mas todos teriam tempo para procurar abrigo em uma região mais alta, fora da cidade. Ele ouviu os policiais, acenou com a cabeça que havia entendido e eles foram embora. Com muita fé, decidiu confiar em Deus e não quis abandonar a casa à própria sorte.

16 VOCÊ, CIÊNCIA E ESPIRITUALIDADE

No início da tarde ele foi visto no telhado por um bombeiro que procurou demovê-lo da intenção de permanecer no local. Em vão. O bombeiro foi embora, pois tinha muito trabalho pela frente, porém, avisou por rádio à base de que um homem estava ali e não queria sair. Lá do telhado ele ainda gritou para o oficial que Deus estava com ele e que tudo daria certo.

A linha das águas já pairava acima das janelas do piso superior quando o serviço de defesa civil foi até lá com um barco e parou ao lado do telhado para resgatar aquele homem, todo molhado e que se segurava firmemente na chaminé, maltratado pelos ventos e pela chuva torrencial. Mais uma vez ele recusou ajuda. Deus era grande e iria resolver aquela situação. Como ainda havia muita gente para salvar daquela tragédia que se abateu sobre a cidade, a equipe de socorro desistiu.

Já anoitecia e a água cobria muitas casas. A daquele homem restava apenas um pequeno pedaço onde ele ainda orava confiando que Deus o tiraria dali. Surge um helicóptero e numa última tentativa lança uma corda que cai ao lado do homem de muita fé. Ele recusou pegar a corda e com a bíblia ainda nas mãos dizia sem parar que Deus o tiraria dali. Como ventava muito naquela hora e já estava bastante escuro, o piloto foi obrigado a desistir até para a segurança de todos os resgatados que estavam a bordo.

O homem morreu afogado naquela noite.

...

Quando percebeu que tinha perdido a vida, sentiu-se indignado e muito revoltado com Deus. Não havia mais nenhuma fé, afinal, foi traído quando mais precisou do Pai. Ele, ainda muito brabo, nem se deu conta de que estava no céu e muito menos que Deus surgiu à frente dele. Afinal, ele não estava acostumado a olhar o que acontecia ao seu lado (e na própria vida).

Assim que notou movimento e se viu à frente de Deus imediatamente começou a reclamar e não parou mais. Deus, com toda paciência, como sempre, deixou-o esvaziar a raiva e no final da tão forte fala o homem ainda não se esquivou de dizer:

- "Dediquei a vida toda ao Senhor, esperei com fé e confiança que me salvasse, e olha agora, estou aqui mortinho da silva, ainda molhado e com frio".

Deus olhou para aquela pobre alma e falou:

- Eu dei vida e inteligência para você, disse que poderia fazer suas escolhas e você as fez. No momento do maior problema em sua vida, quais foram as suas decisões?

- Enviei a polícia logo cedo para que você fosse embora da cidade com todos os outros e você recusou; tentei com os bombeiros; depois a guarda civil e você insistia nas suas "certezas"; por fim, ainda tentei o helicóptero e você não aceitou a corda, a mão, a ajuda. Morreu. E agora ainda está aqui reclamando sem parar e sem conseguir enxergar nada fora da "sua verdade".

Assim termina a pequena história. Ela reflete muito do que perdemos na Terra por nossas verdades, escolhas e dificuldade para enxergar. Aquele homem confundiu fé com as certezas que sempre nos cegam e maltratam. Ferimos a nós mesmos, a quem amamos e muitas vezes àqueles que passam por nossas vidas, apenas por não aprender a pensar. Pensar um pouco mais, pensar bem, pensar antes...

A fé verdadeira é carregada de dúvidas e não de certezas. De confiança, sim, mas também de clareza, ou ao menos a busca da clareza. A fé deve estar acompanhada de compaixão, fraternidade, partilha, justiça.

Muitos se arriscam e pagam um preço (às vezes alto) para nos demover de nossas certezas e verdades, e querem nos ajudar. Pessoas que nos amam, ou aquelas que simpatizam com a gente, ou mesmo desconhecidos que passam por nós nas ruas e nos dão bom-dia, desejando de fato que tenhamos um bom dia. Sim, relacionamentos fazem parte da nossa história até mesmo nas frustrações como exercícios de crescimento. Todos os que nos enfrentam e às vezes nos afrontam são instrumentos desse crescimento. Nosso e deles. Mas, é preciso que queiramos crescer. Cada qual vivendo a própria história e destino. Aceitando as muitas cordas que nos são lançadas para nos salvar.

18 VOCÊ, CIÊNCIA E ESPIRITUALIDADE

Para Deus, os outros são instrumentos. O próximo é ao mesmo tempo professor e aluno. Como aqueles policiais, bombeiros..., às vezes é preciso acionar a guarda civil ou até um helicóptero para tentar nos demover das nossas certezas e verdades. A fé e a confiança na direção da procura e do encontro do conhecimento são armas maravilhosas à nossa disposição. Mas, é preciso se permitir "abrir os olhos" – vigiar e orar – e para isso, desejar, confiar nos outros e em si mesmo, tudo pela construção de uma sabedoria infinita, com Deus. Sim! Confiar também nos caminhos que Deus preparou para todos nós, nem que seja debaixo de tempestades. Com cuidados, mas acreditar em si mesmo e no destino reservado para cada um de nós.

Voltando à história do meu consultório, naquele dia eu estava pior do que o homem cheio de fé e prestes a morrer no telhado da própria casa. Porque nem fé eu tinha mais. As inundações em minha vida já haviam coberto grande parte da minha "casa" e nem em Deus eu pensava. O mundo acelerado e os desafios na vida de um médico desviaram-me do principal. Eu não estava bem. Provavelmente muitos já haviam tentado me demover da ilusão, porém, nada dava frutos. Eu seguia cego, talvez um diagnóstico de loucura quando não "vigiamos e oramos".

Eu não sei a altura das águas na minha inundação mental quando aquele casal apareceu. E eles não sabiam de nada, também estavam nos processos deles de vida, geralmente não sabemos que somos instrumentos de Deus. O início da conversa foi tenso, eu estava muito mal (e com medo). Até que um deles, a mulher, disse algo que me levou a um *start* mental. Finalmente, chegamos ao que mais interessa, o principal instrumento de todo o Programa SUPERCONSCIÊNCIA/FAMÍLIA DO FUTURO, a corda mais forte, capaz de nos arrancar para sempre dos telhados da nossa ignorância:

- A REFLEXÃO.

Aquela mulher falou algo forte que me fez pensar.

E decidi apostar, pagar para ver.

A partir daquele dia minha vida ganhou uma transformação gigantesca. Ela lançou a corda e eu a agarrei, mesmo com medo.

INTRODUÇÃO **19**

Atente, um passo adiante é importante. Não foi apenas o casal ou algo que eles disseram naquele momento. Sim, provocou, ajudou, ofereceu, mostrou..., mas foi "A MINHA DECISÃO EM SEGURAR A CORDA". Ainda era preciso escalar até o helicóptero; entrar nele; voar até um local seguro; torcer para que a aeronave não fosse carregada pelos ventos ou atingida por um raio...

E assim é a nossa vida, com começos, recomeços, lutas, quedas, mudanças, aceitação, "escalar" cordas e lançá-las para aqueles que necessitam..., aprendendo a utilizar melhores pensamentos, decisões e atitudes diante dos desafios alcançaremos novas direções e destinos.

Qual será o melhor destino?

- O meu eu não sei ainda, não posso afirmar para você, ainda não cheguei ao final. E o que é melhor do que só pensar no destino, aprendi a aproveitar o hoje. Ainda assim, a provocação para a reflexão é o começo de toda transformação. O que Deus e o universo Dele decidirem, eu aceito.

Hoje levo comigo uma fé muito mais forte do que as desajustadas certezas e verdades de um passado, agora aproveito muito mais do caminho. Hoje há direção e muito mais aprendizado. Lembro ainda, e muito importante, toda a minha história não foi em vão, "foi o preparo necessário para o dia do início da transformação". Deus sabe o que faz. Nós é que não entendemos enquanto só enxergamos "a água subir".

As cordas serão lançadas em cada página, em cada livro deste Programa que só existe hoje porque um dia aquele casal decidiu enfrentar um touro bravo, um médico que sofria muito com as certezas absurdas que teimam enganar a todos nós. E, principalmente, porque decidi acordar da ilusão. É real, antes eu queria agir e fazer o melhor, mas me afoguei muitas vezes nas minhas verdades.

Finalmente, neste último livro, as derradeiras páginas de um resgate. Espero que você possa aprender a evitar, desviar, conviver e superar muitas tempestades. São todas elas "professores das nossas maravilhosas vidas". Educadores escolhidos por Deus. As cordas estão lançadas.

Neste livro, vou também passar por diversos pensamentos. Provocações positivas para que nossa compreensão possa se exercitar cada vez mais. Excelente voo de helicóptero "de volta para casa".

Durante todo o Programa insisti que você deve assumir o *cockpit* e tornar-se o piloto da sua vida. Porém, nunca esqueça, somos na verdade copilotos. E apenas por um motivo:

- Você e eu sabemos quem na verdade está no comando.

Permita Ele levar você em segurança até o maravilhoso destino. Confie. E cresça sempre mais na sua Fé.

Capítulo I

Um Caminho Individual

Este livro não quer abordar o aspecto religioso da vida. Toma uma parte importante do caminho, no entanto, quero, do início ao fim, mostrar a enorme vantagem de ACREDITAR. Crer em algo a mais, além de nós e por todos nós. Aliás, acreditar é o primeiro dos quatro "valores" do Programa SUPERCONSCIÊNCIA/FAMÍLIA DO FUTURO. Ao acreditar, seguem compreender, ressignificar e fazer novas escolhas. Logo abordaremos também a importância e o alcance da fé, essa que presto honras e dou um lugar bastante especial em nossas mentes.

O ser humano sempre procurou por "algo maior", fora de si mesmo, e que o proteja de fragilidades e medos. Precisamos parar de lutar uns contra os outros em relação à escolha do caminho. Este, único para cada um, mesmo dentro da decisão por seguir uma das mais diversas religiões. Isto é, as pessoas são diferentes, mesmo aquelas sentadas próximas do mesmo altar. Religião e espiritualidade são individuais em cada coração.

É importante COMPREENDER que se for verdade que não exista NADA lá fora..., é um privilégio sentir que não está só.

É real, podemos ter alguém, um pai, um protetor, maior, e por ser único, impossível ser vencido. Ele, uma defesa absoluta para alcançarmos maturidade, o que o universo mais anseia em nossa evolução.

Mesmo sob o manto de uma mesma religião cada um sente essa proteção de modo distinto, individual.

VOCÊ, CIÊNCIA E ESPIRITUALIDADE. Você, a genética de Deus, fruto do universo; Ciência é a habilidade a nós oferecida para

22   VOCÊ, CIÊNCIA E ESPIRITUALIDADE

desvendarmos o universo; Espiritualidade é amor, totalidade, origem, destino... É o nosso relacionamento com o universo e com aquele "algo maior" que nos protege, cuida e segura em nossas mãos por todo o percurso, sem nos abandonar em nenhum momento. Deus nunca se afasta de nós.

Fiquei tentado em incluir no título deste livro a palavra CAMINHO. Caminho, é o espaço/tempo no qual todos temos a oportunidade de aprender muito e evoluir em direção à eternidade.

Insisto neste ponto por ser muito importante:

- Religião é tão somente a maneira que escolhemos praticar a ligação com Deus, o grande Professor nessa escola da vida; Crença é aquilo que acreditamos; Já valores espirituais unem e somam as diversas maneiras para vivermos bem.

Convicções são importantes, porém, nas certezas é que vivem as armadilhas humanas. A ciência estaria morta sem a dúvida, o questionamento, a busca incessante e interminável por conhecimento. É preciso transformar cada mente em harmonia plena. E como faremos isso?

- Há uma enorme vantagem na intenção de "crer em valores e praticar Deus", contudo, sempre cuidando das certezas.

Vou insistir no principal:

- Praticar Deus.

São muitas as religiões já criadas e seguidas pelos homens. Em nenhum momento vou afirmar aqui "qual seria a certa". Não é objeto deste livro (se é que isso existe, acho que não). Porém, vamos prestar mais atenção aqui em três delas, muito presentes em nossos dias, ao menos no mundo ocidental. Não que todas as demais não sejam muito importantes. São! Contudo, e apenas para que sigamos um raciocínio de onde eu quero chegar, olharemos aqui para o Judaísmo, o Cristianismo e o Islamismo.

Eu sou cristão. Cresci em uma família católica e nunca me ensinaram (ou conseguiram fazer com que me desse conta) de que eu estava "no meio da história de outras duas".

O Judaísmo teve seu princípio no século XVIII a.C. quando Moisés pegou seu cajado e disse para a turma:

- "Vamos que há um grande caminho a seguir".

Não me interprete mal, apenas vou brincar um pouco aqui para demonstrar um contexto de um modo mais leve.

Após um tempo histórico gigante (que não cessou até hoje) surge um profeta maravilhoso, Jesus. Filho de Maria e José, que, diferente do esperado pelos judeus – e Jesus era judeu –, não veio montado em um grande carro e acompanhado por um exército de anjos para salvar o povo da dominação romana. "Chegou" montado em cima de um burrinho, carregando apenas um manto, sandálias, e contando histórias para que cada um pudesse (re)encontrar a própria salvação em um reino que não seria neste mundo. Uma grande luz apontando um novo caminho.

Jesus foi tão importante que a maioria dos povos – não todos – em todo o mundo considera o nascimento de Jesus o ano zero. Em palestras eu brinco que Deus olhou para o Filho, vendo a caminhada dos judeus "lá embaixo", e disse:

- "Filho! É melhor você ir até lá. Não está dando certo essa tal de humanidade".

Filho de Deus para muitos, um grande profeta para outros, Jesus homem foi morto pelos judeus e romanos. Veio para nos livrar do pecado, corrigir rotas. Para todos aqueles que assim "escolhessem".

Acreditar, compreender, ressignificar e fazer novas escolhas.

Passados um pouco mais de 600 anos após a morte de Cristo, Deus olhou novamente para aquela turma "lá embaixo", chamou o anjo Gabriel e disse:

- "Tenho outra missão para você. A anterior que foi descer dos céus e contar para Maria que meu filho iria nascer daquela linda mulher, você foi *show*. Agora..., está vendo aquele cara ali em uma caverna? Ali, bem próximo de onde tudo começou?

- Sim!

- O nome dele é Maomé. Vai lá e o ensine a cantar sobre os valores universais, as belezas da vida, os caminhos da humanidade e o destino para todos.

Deus ainda completou para Gabriel:

- Não tem dado muito certo com este povo, vamos ver se agora vai.

24 VOCÊ, CIÊNCIA E ESPIRITUALIDADE

Fato I. Três religiões na mesma linha histórica. Só aprendi isso depois de adulto. "Brinquei" com esse tema e espero que não tenha se ofendido. Fiz essa escolha para mostrar o quanto somos "sensíveis", sofremos de modo muito fácil e nos posicionamos prontos para brigar (por qualquer coisa). Não seremos adultos enquanto nos mantivermos "crianças" emocionais. Precisamos amadurecer em todos os aspectos.

- Ah! Doutor Jacyr, mas respeito é bom e eu gosto.

- Não se brinca com religião.

Eu acho que Deus deve ter um gigante senso de humor, o que penso ser muito diferente de desrespeito.

Fato II. Essas três religiões têm um mesmo Deus. Único. Monoteístas.

Fato III. As três vertentes acreditam na justiça, amor, compaixão, partilha... O bem para todos e para a vida.

Esses e outros sentimentos também estão presentes em outras religiões importantes para a humanidade. Orientais, Africanas, Indígenas... Valores universais da bondade fundamentam TODAS as etnias.

Cresci com medo de macumba e mandinga (e de outras tantas mentiras que me contaram). Coisas da África. Fazer macumba contra alguém, mandinga, eram contadas sempre como ações do mal. Este mal que quer ter ou não perder controle, deseja conduzir você independente da sua permissão para um "conhecimento" que seja mais coerente para o "dono do domínio", qualquer que seja ele e se há ou não verdade neste "lugar comum". É preciso estar em acordo com a crença do dominador.

Bem pouco espiritual esses comportamentos de que "a minha religião é a única verdadeira". Afinal, a religião que pratico é apenas a maneira que encontrei e escolhi para conversar com "o grande espírito da floresta". Entende isso (índio)?

Uma criança pergunta ao padre:

- O diabo é o pai da mentira?

- Então por que mente para mim?

- Você é o diabo?

De modo bem sucinto, e provavelmente imperfeito, vou contar aqui para você algumas curiosidades. O objetivo é quase poético e para que possamos olhar um pouco mais além, mesmo sem a precisão histórica e respeitosa que o tema exige.

Macumba nada mais era (e ainda é) uma madeira da floresta. Um pedaço de pau usado para percussão, música para viver e suportar a dor da saudade de uma terra distante, de onde povos negros foram trazidos a força para um continente distante. Foram forçados a deixar para trás famílias destruídas pelo verdadeiro mal da escravidão. Reuniam-se pelas praias, nas noites de um país nada acolhedor, para cantar, sentirem-se ainda pertencentes a um povo e saudar seus deuses.

A macumba tornou-se a percussão ouvida noite afora, a comida – as aves –, as velas para iluminar, a bebida alcoólica para esquentar as madrugadas frias... Os "brancos" olhavam de longe e diziam que os "negros estavam fazendo macumba". Provavelmente os sentimentos não eram os mais puros e o ódio e ressentimento de um povo sofrido imperavam naqueles momentos de dor. Talvez, daí a relação entre macumba e desejar o mal.

Os objetos e alimentos da macumba também eram deixados nas encruzilhadas na mata para ajudar na fuga de negros das fazendas e mostrar os caminhos, as rotas para a segurança dos quilombos. Comida, luz de velas, madeira para com o som das batidas assustar animais selvagens e assim se protegerem e, de certo modo, uma boa estratégia de sobrevivência.

A mandinga era um pequeno saco de couro ou tecido pendurado, amarrado em um colar em volta do pescoço. Servia para a proteção espiritual e, claro, uma proteção capaz de ameaçar o inimigo. Era por demais importante para quem o portasse. Poderia conter folhas de chá, porém em sua origem carregavam algo muito mais valioso e simbólico.

Povos arrancados subitamente de suas terras, restavam a eles levar consigo algo por demais importante. Reis e rainhas foram arrastados por este caminho, frutos de uma cultura por vezes pujante. Os árabes dominaram a península ibérica e o norte da África (e

26 VOCÊ, CIÊNCIA E ESPIRITUALIDADE

tantas outras regiões) por mais de oitocentos anos. Levaram para aqueles povos também a religião do Islã e o Alcorão tornou-se parte da cultura africana. No desespero da saída, carregados como lixo para os navios negreiros, folhas do Alcorão foram arrancadas e colocadas nesses saquinhos. E nada melhor do que o que me protege ser mostrado para o inimigo como um símbolo de possuir algum poder, mesmo que residual. "Não é o que fazemos com o crucifixo pendurado em nosso pescoço e a bíblia nas mãos"? Qual a diferença? O grande espírito (do índio, do negro, do amor) vive em nós. O medo também, que precisa ser superado para entendermos o outro para que aceitemos o outro como ele é e com o Deus que lhe agrade.

Dalai Lama, monge budista tibetano, encontrou-se algumas vezes com o amigo anglicano, o arcebispo Desmon Tuto. Dali saíram muitas reflexões inteligentes e inspiradoras – muitos livros estão aí para você se maravilhar com o "embate religioso". E em uma das grandes frases produzidas nessa batalha de amor, uma das que cabem aqui agora:

- "O problema não é a crença. O problema é o crente. Para Deus, toda religião é voltada para o amor, para o crente (tolo, acréscimo meu) resta a intolerância".

Quer mais uma?

- "Quando você julga a religião do outro não está praticando a sua".

Lembre-se aqui o que elas têm em comum?

- Justiça, amor, compaixão... valores que se entrelaçam.

E se esta mistura restar em seu coração, inteligência e espírito... adivinhe a vida que você poderá levar.

Que este livro aqui funcione como a macumba para te sinalizar o caminho e, enquanto aqui descansa, que as velas te iluminem, as galinhas o alimentem, a bebida o aqueça (aqui cachaça – é o que tinham, lá vinho...) e o pedaço de macumba seja tocado para afastar o mal de perto de você. E se por sorte encontrar uma "mandinga" abra e leia a riqueza que encontrar ali.

Então, diz para mim:

- Se temos os mesmos fundamentos, onde nos desentendemos?

- Em nossa frágil humanidade.

Estamos no mundo para aprender e crescer. Tá esperando o que para começar ou, se já começou, está esperando o que para acelerar a sua evolução espiritual?

- Que tal começar amando o próximo?

- Cada um em seu caminho individual?

Capítulo **II**

A DIMENSÃO ESPIRITUAL

A dimensão espiritual é a chave para a construção da paz. Estratégias promotoras de luz.

O Sagrado é o real no mundo, é a verdade construída num modo Mítico mais sólido, que permite ao ser humano suportar os dias, [...] apoiado pela força de Símbolos.

Karen Armstrong[1]

O sagrado é um forte e verdadeiro sentimento que experenciamos explicado somente pela fé; mitos são histórias construídas pela humanidade na tentativa de explicar alguns importantes fatos do mundo; os símbolos são nossas fontes de ancoragem, usamos para lembrar as histórias construídas que nos permitem e reforçam um poderoso sentimento de fé. São conceitos interconectados.

O que você sente quando está em uma grande floresta, ou contemplando a imensidão do mar, meditando aos pés de uma montanha..., nesses momentos imagens maiores se reproduzem em nossas mentes e uma sensação do divino se faz presente. O sagrado é aquilo que "enxergamos" (e sentimos), e precisamos contar isso, compartilhar de algum modo, e assim surgem os mitos, as histórias que tentam explicar esta "verdade em nós", e escolhemos um símbolo, algo físico concreto, para sentir mais uma vez a grande conexão a cada oportunidade que olharmos para ele, tocarmos, aproximarmos do coração (local onde percebemos os sentimentos humanos – nossa conexão com o sagrado). Onde melhor carregar um crucifixo senão em um colar que o deixará sempre próximo do nosso coração.

E quem são rabinos, padres, imãs, pastores, xamãs...?

- São pessoas como eu e você. São humanos, também falhos e pecadores. Instrumentos de sabedoria capazes de nos "lembrar" de Deus, porém, incapazes de nos aproximar ou nos afastar Dele.

Esta fé no sagrado, nas histórias e símbolos cabe a cada um de nós "decidir" buscar, acompanhar e viver... Deixe o "sacerdote" no caminho dele, como todas as qualidades e erros. Não olhe para Deus "entregando poder para mais ninguém" na Terra. Eles são apenas auxiliares da conexão, o comandante é você.

Digo isso porque muitos se afastam das religiões e as julgam mal por erros dos homens que as coordenam e administram. Acredito que quem muito critica apenas foge (de onde não deveria e nem precisaria fugir) e usa a desaprovação ao representante da religião como uma desculpa para se sentir justificado por não mais participar. Não faça isso. O caminho espiritual saudável será sempre entre você e Ele, nunca entre você e quem ora, reza e saúda o Pai ao seu lado.

É normal e comum um afastamento das religiões durante a vida. Por um simples experimento ao procurar caminhar sozinho, ou mesmo a busca de prazeres maiores que a distância das igrejas e dos cultos permitirá, às vezes uma raiva momentânea nas frustrações quando um Deus que "em vez de me proteger levou embora pessoas que eu amo". Verdade, nosso cérebro sempre encontrará desculpas para tudo. A imaturidade permite isso. Até pensar que os mais velhos retornam às igrejas por medo de morrer (o que pode ser verdade para alguns). No entanto, a maioria descobre na maturidade uma maior e verdadeira conexão.

Independentemente de cada caso, Ele nunca se afasta e nos segue dia após dia, passo a passo, nosso "distanciamento". Deus é paciente..., e nunca te abandona. Eu sei, faz tempo que você nem pensa Nele. Pare de ler por um instante, arrie o livro em seu colo, na mesa diante de você, e olhe para o lado agora. Sinta quem está ali o tempo todo apenas esperando por um movimento seu.

"Minha conversa será sempre entre Eu e Deus". Nunca entre Eu e o sacerdote ou a vida.

Eu sei, o erro na língua portuguesa que exige escrever "entre mim e Deus, sacerdote, vida", aqui foi proposital para elevar o seu Eu, diante do Pai e a tudo mais. Você merece um relacionamento maior e especial.

Nosso mundo precisa de um exército de pessoas com valores morais éticos e espirituais engajado em cada instituição humana:

- Governo, escolas, indústria, comércio, igrejas..., famílias.

Eu, você..., todos nós!

Por isso este livro, as palestras. Os vídeos do Programa SUPERCONSCIÊNCIA/FAMÍLIA DO FUTURO. Se você chegou até aqui e passou por todos já sente uma diferença significativa no coração. E o último tema não poderia ser outro senão VIDA, CIÊNCIA E ESPIRITUALIDADE, quando quero deixar claro que basta levantar um pouco a mão para o lado e sentir estar de mãos dadas com Deus, o Dono do universo, único, Deus do amor, teu Pai. Terá medo do quê?

[1]Karen Amstrong, estudiosa inglesa especializada em religiões, principalmente judaísmo, cristianismo e islamismo. Pesquisadora reconhecida por promover harmonia e entendimento entre as religiões.

Capítulo **III**

HÁ UMA ORDEM ATÉ NÓS

Certa vez assisti uma palestra na qual o tema e a intenção do orador eram deixar claro nossa insignificância. Segundo ele, durante todo o tempo de fala e até a conclusão, insistia que não somos nada ou qualquer coisa muito pequena e bem próximo disso. Claro que o objetivo era combater a empáfia e enaltecer a humildade, o que é muito bom. Mas, qual um possível efeito colateral naquela explicação para o pensamento e consequentemente para as emoções e condutas futuras de quem assistia alegre, sorridente e aplaudia a todo instante o famoso conferencista, uma autoridade para definir "o que e quem você é" (segundo nossas ilusões e enganos sobre como saber quem é uma verdadeira autoridade a dominar qualquer tema. Nos enganamos muitas vezes com "especialistas" e sofremos as consequências).

Há uma diferença brutal, e geralmente não observada, entre humildade e rebaixamento. Se você prestar atenção é preciso ser muito poderoso(a) para ser de fato humilde. Podemos baixar a cabeça perante qualquer um e esperar que "as coisas se acalmem", quando enfrentamos problemas, pelo simples fato de não precisarmos demonstrar nada além de mansidão. Ser humilde não é ser apático ou subserviente. Ser humilde não é ser fraco e hesitante. Aliás, "dar a César o que é de César e a Deus o que é de Deus" também é reconhecer diferentes áreas de poder, força e o respeito que se deve a cada um.

As possíveis consequências daquela explicação para "provar" (enganosamente) que você é algo próximo a nada poderão ser marcas que o levem a comportamentos de fragilidade e dor, geralmente

32 VOCÊ, CIÊNCIA E ESPIRITUALIDADE

inconscientes. Nada bom. E essas consequências tornam-se ainda mais realizáveis devido ao "poder de autoridade" representado em sua mente em relação àquele conferencista, afinal, "foi alguém famoso no mundo de palestrantes que disse que sou um nada". "Ele é inteligente, é professor de uma grande universidade, então deve ser verdade, eu sou um nada".

Deixe-me ajudar você, a partir de agora, a compreender exatamente um caminho oposto ao "ser nada".

Jesus foi e ainda é exemplo de humildade e demonstrou ao mundo e ao universo ser possuidor de um tremendo poder. Deixou-se ser maltratado e morto quando poderia ter evitado, quer desaparecendo num estalar de dedos, quer clamando por um exército de anjos que o livrassem da cruz. No entanto, o objetivo Dele era estarmos, eu, você, todos nós, falando hoje e sempre sobre vida. O desejo maior do filho de Deus, e inimaginável para qualquer pessoa minimamente equilibrada, era "morrer" para que tivéssemos vida.

Então decidi criar uma palestra com elementos semelhantes aos daquele orador, porém, agora desenvolvendo um raciocínio diferente, oposto, demonstrando uma evolução que prova:

- "Você é a pessoa mais importante do universo".

Permita-me repetir (para que você fixe muito bem em sua mente):

> **VOCÊ É A PESSOA MAIS IMPORTANTE DO UNIVERSO**

Agora, siga e aproveite bastante essa mesma história, porém, com um raciocínio pelo lado positivo. E aprenda a sempre procurar o lado otimista das coisas. Para tudo existe um melhor lado, é preciso "lavar os olhos, retirar as traves...", simbolize como quiser, mas aprenda a ser mais otimista e feliz.

Permita-me uma breve introdução:

- "Muito antes da fundação do mundo, antes de tudo, Ele já existia. Com o Pai estavam a Palavra e a Sabedoria". Nessa representação linguística você encontrará Deus, Jesus e o Espírito Santo.

E na presença Deles, em todo o universo coexistem "Cosmos e Caos".

Cosmos (Kosmoσ) é ordem, razão, beleza... tudo o que torna possível, propicia, facilita a compreensão e consequentemente a paz, o amor, o bem. Contrário disso é o caos. Caos (caoσ) é desordem e, portanto, incompreensão, local próprio para nascer a ilusão, o engano, a mentira. Por que não, o desamor, o ódio, a inveja..., o mal. Onde você quer viver?

- Apesar de existir caos, o universo é Deus de amor, justiça e compaixão, portanto, há um caminho Nele. Posto isso, vamos finalmente à história agora contada para você de um modo melhor:

- "E disse Deus: Haja Luz" Gn1:3. Aqui, para a ciência, o Big Bang. Uma produção inimaginável de energia que nos primeiros instantes começaram a derivar protomatérias. Neutrinos, elétrons, quarks, bósons, fótons, grávitons... todos hoje de existência comprovada em grande parte do universo. Até que em bem pouco tempo um elétron com carga negativa passou a rodar como louco (mas com lógica) ao redor de um próton (positivo) e um nêutron (carga neutra, como o próprio nome diz). E *voilá*, o primeiro hidrogênio, o átomo mais simples e dominante em todo o firmamento. A partir daí a expansão de energia e matéria não parou mais.

E começa a corrida e a formação... Hidrogênio, hélio, lítio... depois carbono, nitrogênio, oxigênio... A força dos grávitons sobre a matéria acabou formando bilhões de galáxias que se espalharam progressivamente a partir daquela primeira explosão. Até surgir a nossa, a Via Láctea (caminho do leite). Em um cantinho dela, bem ali, uma estrela, única para nós, o Sol. Tenta adivinhar, além da energia, o que predomina no sol?

- Hidrogênio, hélio, lítio... uma fagulha, daquela explosão primeira, viajando pelo espaço a milhões de quilômetros por hora.

Alguma poeira se acumula e orbita ao redor dessa migalha quente sofrendo também a atração da gravidade. ATRAÇÃO, uma das primeiras grandes leis. E entre essas poeiras, uma bastante conhecida por todos nós, a Terra, a nossa casa, a que todos nós desejamos como um grande lar.

Do Senhor é a Terra e a sua plenitude, o mundo e aqueles que nele habitam

(Salmo 24:1)

Agora me explique:

- Como em um pedaço de "quase nada" pode viver um ser tão magnífico quanto você?

- Você nunca foi, não é e nunca será um quase nada.

- Você é tudo.

Observe "de onde viemos" e veja "para onde vamos".

Quer ainda acreditar no "profe da facul" ou prefere acreditar em Deus e em si mesmo?

- Humildade é abrir os olhos.

- A verdade de Deus e a maravilha da Sua criação.

No próximo capítulo vamos contar mais sobre atração, matéria, energia e o propósito de Deus em você.

Capítulo **IV**

AGRUPAR E COLABORAR

Olhando para o nosso planeta e para a imensa força da atração que desde o início produz movimento e existência, permite lembrar que há uma ordem (cosmos) no universo. Tente também imaginar uma ordem no sentido de direção, assim representada: - "Vai..., vai longe meu filho, e sempre leve um pouco de Mim".

Essa mesma atração seguiu aproximando e formando "filhos": - Átomos que unidos compuseram moléculas, essas, por sua vez, aprenderam a se duplicar, por meio de muitas pequenas forças de atração e união, duplicar, duplicar, duplicar... até formarem uma es- pécie de membrana em torno de si mesmas, permitindo pela primeira vez a existência de um ambiente "dentro e fora" dessa membrana. Aconteceu! Moléculas unidas (química e energia) e envoltas por uma estrutura que as separavam do meio externo.

> **ATRAÇÃO, UNIÃO, ADAPTAÇÃO, SOBREVIVÊNCIA... – "VAI VENDO"!**

Como existir (sobreviver), isto é, como trocar material com o lado de fora? Muitas adaptações foram criadas para isso. Até que um dia, muito mais tarde (em tempos humanos, quase nada em tempos de Deus), surge a primeira célula, constituída por diversas estruturas internas, especializadas em diferentes funções, e um mundo enorme lá fora cheio de matérias para "colher". Um verdadeiro milagre desde aquela grande luz (em todos os sentidos). Vida?

- Não sei e ninguém sabe ao certo. Contudo, elas começaram a se agrupar para ajudarem umas às outras, COLABORAÇÃO. Assim

35

36 VOCÊ, CIÊNCIA E ESPIRITUALIDADE

surgiram também células especializadas para cada função (organização – cosmos). Surgiram os tecidos, órgãos, sistemas (cardíaco, pulmonar, circulatório, excretório...), tudo isso por um só motivo:

- Aumentar a capacidade de ADAPTAÇÃO e sobrevivência.

TODA CRIAÇÃO SURGE EM HARMONIA PERFEITA

Do caos ao cosmos.

Muito do que se forma retorna ao caos, é destruído (perdido o que havia construído antes), para que se agrupe de modo distinto logo à frente, não poucas vezes melhor. Evolução. Um projeto de Deus, um "caos" para a imaturidade humana, esperança para quem crê.

Quanto tempo levou para isso?

- Diz a ciência, mais de 4 bilhões de anos, para a religião, talvez uns 6 mil anos.

Na verdade, pouco importa esse cálculo para a nossa vida, Deus excede o tempo.

Com as células procurando se agrupar, organizar, unirem-se umas às outras para se firmarem neste "novo mundo", não demorou para formarem as diferentes espécies (Gn 20:25). Até que num momento desse caminho aparece na Terra um ser muito especial, planejado por Deus, desde o início do universo, hoje o mais desenvolvido:

- O Homem.

Então o Senhor Deus, do pó da terra, formou o Homem à sua imagem e semelhança e soprou em suas narinas o fôlego da vida...

(Gênesis 2:7).

Responde agora para mim, que pó é esse?

- Hidrogênio, carbono, oxigênio, nitrogênio...

E que história é essa de "fôlego da vida"?

Não sei, pergunte para Deus. Também para a fé que "forma" (deseja construir) a sua grande relação com Ele.

Desde o início eu disse que faria um raciocínio inverso daquele palestrante que desejava provar que você vale menos que "o cocô do cavalo do bandido". Ao contrário do que ele afirmava, acredite, "você não é pouca coisa". Somos tudo o que é necessário para a sobrevivência e desenvolvimento:

- Todos os elementos químicos do universo, criados, aproximados e organizados por Deus, desde a Luz.

- Somos o aprendizado e a consciência da adaptação e evolução.

- Somos a energia, o impulso e o estímulo em expansão e crescimento do próprio universo.

- Por fim, somos um projeto, um sonho, propósito Dele na Terra.

Ainda acha que você é "quase nada"?

Melhor ainda é saber que: "Fomos feitos para dar certo".

Infelizmente, e para aquela fala a que todos sorriam e aplaudiam, criamos uma convicção frágil e permanecemos em ilusão. Construímos uma mentalidade negativa sobre nós. Por quê?

- Porque não acreditamos. E temos medo de acreditar.

- Aprendemos com nossos pais, que pouco acreditaram e tiveram medo de acreditar. Basta, verdade? Está na hora de sair do engano.

É ilusão, diz o sábio. A gente gasta a vida se esforçando e tudo continua o mesmo. O sol nasce, o vento sopra... Cansamos. Tenho visto como rei, tudo o que que faz no mundo. É tudo ilusão.

Eclesiastes 1:2

O Homem duvidou de Deus.

E não acredita no Universo.

(mal sabe o que está perdendo).

"Gastamos" a vida toda inventando um monte de coisas para fazer e desculpas, só para nunca começar a fazer o que realmente precisamos e devemos fazer.

Amor e altruísmo (ATRAÇÃO) são a base da nossa sobrevivência. O resgate desse impulso evolucionário é o que nos fará acreditar que ainda não nos perdemos totalmente. Quero fazer parte com você desse processo de "lavar nossos olhos" para enxergarmos o grande presente que somos.

Eu e você.

Capítulo **V**

ACREDITAR

A origem da crença.

Eu estarei sempre com vocês até o final dos tempos.

(Mateus 28:20).

Vendo as multidões, Jesus subiu ao monte e se assentou. Seus discípulos aproximaram-se Dele e Ele começou a ensinar.

(Mateus 1:2).

Você enxerga elementos do universo nesses dois versículos?

- Vamos lá!

Você finalmente chegou até este capítulo, sua jornada iniciada lá atrás, no Big Bang, passou por bilhões de anos, organizou-se em um corpo com neurônios capazes de dar significados a esses símbolos, os quais aqui chamamos de letras, que unidas em colaboração formam palavras capazes de colocar você para pensar, emocionar-se e..., viver. Vamos agora dar apenas alguns passos para trás e lembrar da nossa "infância" na Terra, este pequeníssimo grão de quase nada girando em um universo tão grande, amando um Pai tão imenso que nem conseguimos imaginar. Olhando desse modo, você terá que ACREDITAR que tem um PROPÓSITO na vida. Impossível estarmos aqui para..., NADA!

Lembra-se quando eu e você éramos ainda "duas amebas na beira de um pântano", lutando para sobreviver? Adaptava-nos ao meio para sobreviver, aprendemos a colaborar uns com os outros e descobrimos que isso aumentava muito nossas chances. Será que "colaborar uns com os outros" seria o primitivo do amarmos uns aos outros?

- Já havia ali um nível de consciência bem primitiva, porém, apenas intencional, algo nos levava a crescer cada vez mais, reunir novas células, especializar, convencer, conquistar.

Com o tempo, passamos a aprender que "evitar a dor e buscar prazer" eram estratégias muito úteis para avançar cada vez mais. Mesmo que as utilizássemos de modo automático (o que fazemos até hoje. Para que perder tempo em pensar como "funcionar"?).

Primeiro construímos estratégias para evitar a dor e as perdas por meio de "luta e fuga". Cada um "se virou como pôde". Quem não aprendeu ficou pelo caminho e quem ganhou seguiu descobrindo e aprimorando estratégias. E para viver importava buscar alimentos – material para crescer, desenvolver, evoluir.

Aprendemos a descansar, isto é, encontrar abrigo, e ali ficou mais fácil reproduzir – gerar novas criaturas que pudessem carregar o propósito de Deus, depois que não nos fosse mais possível.

A vida é como uma corrida de bastões na qual o bastão é algo que Deus quer que a gente leve adiante até o infinito. Como vivemos apenas uma parte da corrida, passamos o bastão divino para nossos filhos que seguem o caminho. Cada um perdendo e ganhando sempre o que precisa para crescer ainda mais e..., ser feliz.

Não era totalmente verdade na época que éramos apenas algumas células vivas ou já "duas amebas na beira de um pântano", isso não era possível, ainda não havia em nós um sistema nervoso capaz de produzir emoções, muito menos pensar e assim decidir qualquer coisa, de modo consciente. Emoções e pensamentos vieram mais tarde. De tanto a gente comer, crescer e se reproduzir. E descansar.

Apesar que vírus, bactérias, protozoários fogem de nossas células de defesa para não serem destruídos. Que tipo de consciência Deus já oferecia para eles (até hoje), tanto para a fuga dos agressores, quanto para o ataque certeiro dos nossos leucócitos?

- Esta resposta não é para aprofundarmos agora, no entanto, é muito interessante saber que existe este tipo tão primitivo de (in) consciência, desde os seres mais simples. Como "ver isto em nós" e aproveitar ao máximo?

40 VOCÊ, CIÊNCIA E ESPIRITUALIDADE

Pois bem! Começamos a agrupar e centralizar algumas células especiais chamadas neurônios em um primitivo automático, cada vez mais especializado e não demorou a surgir um conjunto de células capazes de desenvolver e sentir emoções. Medo, raiva..., e desejo, alegria..., para facilitar, respectivamente, luta e fuga e busca de alimentos e reprodução (e descanso, nunca esqueça de descansar para poupar e recuperar suas células).

O sistema límbico emocional se desenvolveu por cima dos núcleos primitivos, expandindo o cérebro, e assim se deu início a áreas cada vez mais especializadas dentro de um motor já preparado para a vida.

Aparece em nossas cabeças (não mais de amebas) um sistema nervoso central capaz de alcançar níveis maiores de aprendizado e alguma racionalidade. E os animais espalharam-se por toda a Terra com diferentes "visões da vida". Ainda assim, cada um com seu bastão, presente de Deus, debaixo de patas, escamas, nadadeiras, tentáculos..., propósito da vida, sempre para adaptação ao ambiente, colaboração e sobrevivência.

Até que em dado momento histórico no universo algumas células neurais ficaram "ainda mais espertas". Começaram a se desenvolver em direção à frente, em nossa cabeça, empurrando a testa e fazendo com que ficasse mais arredondada do que de outros primatas. Como se a vida pedisse para que descêssemos das árvores e enfrentássemos melhor o mundo "lá fora", a natureza nos presenteou com o lobo frontal, essa estrutura cerebral capaz de nos dar uma visão mais distante, no futuro, e ao mesmo tempo tornando-nos capazes de elaborar vida, fazer planejamento estratégico, o que, claro, facilitaria esse alcance no futuro.

Hoje, esse avanço neural é o auge no nosso desenvolvimento, desde que surgiu a primeira célula, o que nos tornou dominantes sobre a face da Terra em relação a todos os outros animais.

Confie. Deus sabe o que faz com quem Ele confiou levar adiante o propósito Dele. Ele nos capacita cada vez mais, Ele nos escolheu para uma missão gigante no universo e é preciso ACREDITAR.

**ACREDITAR É (HOJE) A MAIS EVOLUÍDA
ESTRATÉGIA DE SOBREVIVÊNCIA**

Quando você acredita que pode, imagine a ajuda da força que o universo confiou a você para seguir com os planos de Deus (quando você acredita que não pode, Deus espera até você mudar de ideia).

Pensando nessa evolução, da qual todos nós participamos – olha que privilégio –, é fácil se dar conta de que a evolução não para. E para mantê-la deve haver alguma força ainda maior "puxando (estimulando) o nosso cérebro para a frente". Olha agora um pouco à frente da sua testa. Vá lá no espelho, dá uma espiada, e "sinta" se vê alguma coisa. Deve ter algo a mais por ali, como se fosse uma "cenourinha à frente" que nos faz seguir adiante, a ligar os fortes motores do inconsciente que nos empurram por entre as estrelas... (ou pra cima delas).

Esse "Algo Mais" é o que aprendemos a chamar de Fé!

Se vocês tiverem fé, e não duvidarem, [...] poderão dizer a essa montanha: "Levante-se e se jogue no mar".

Mateus 21, 21:22.

Jesus foi o homem mais sábio que passou pela Terra. Para nos ajudar em tempos que nos sentíssemos perdidos. Cada palavra Dele (e do Pai), cada frase transcrita na Bíblia, carrega muitos significados. Observe que Ele poderia ter dito apenas:

- "Se vocês tiverem fé poderão dizer a essa montanha...".

Entretanto, Deus em sua maravilhosa sabedoria acrescentou um "detalhe", uma frase a mais:

- "..., e não duvidarem, ...".

Acredite, fé também é uma evolução. Precisa ser treinada. Todo o universo é evolução. Mas precisa significado, direção e "não duvidar".

"..., e não duvide...".

Capítulo VI

DES-ACREDITAR

A origem da descrença.

"Des" é um prefixo que significa perturbação, incômodo, falta de equilíbrio... Desacreditar, é nada bom. Já o acreditar...

O cérebro e o universo obedecem a ordens:

- Quando você acredita que pode... tudo segue na direção que determinou. Quando você acredita que NÃO pode... tudo também segue na direção que determinou. Porém, agora seu cérebro e o universo não te levam para onde deveria e era capaz de ir, e mais, não será direção que Deus quer que você vá. Deus "não te leva", você precisa ir, por sua escolha, Ele apenas acompanha. Você determina, você escolhe, você... Então, o que prefere escolher acreditar?

A TUA FÉ TE SALVOU

Entenda melhor agora esta frase que Jesus sempre dizia após realizar um milagre, para ajudar alguém. De certo modo, você opera o milagre. ACREDITE..., e "levante-se".

Autossabotagem é acreditar no caos e desistir do cosmos, é pôr tudo a perder porque acredita no lado errado.

Seu cérebro foi desenhado para fazer exatamente o que você quer. Se quer ir para outro destino, nem Deus o irá impedir. Livre arbítrio? Aparentemente só a humanidade possui, graças ao lobo frontal – este que permite a ESCOLHA.

Jesus, orientando os apóstolos antes deles irem até as cidades para "mostrar direção", a cenoura à frente dos olhos, para aqueles que se esqueceram dela, disse:

DES-ACREDITAR **43**

- Se alguém não receber vocês ou nem der ouvidos às palavras, ao saírem daquela casa ou cidade, sacudam até a poeira dos seus pés.

(Mateus 10:14).

Se sua crença não estiver equilibrada (caos), o que você acha que irá transmitir aos filhos, estes aos filhos deles e a todos os descendentes. Isso acontece até que alguém com coragem "levanta os olhos" e diz a si mesmo (no espelho):

- "Pare! Estou indo para o lado errado".

- "Ei! Apóstolos! Voltem aqui, eu quero ver essa cenoura".

Não querer enxergar torna uma pessoa tóxica, cheia de defesas. Como a melhor defesa é o ataque, torna-se uma pessoa cheia de ataques, de "falas altas" e, geralmente, insensatas. Difícil compreender o que defendem.

Aproximadamente 20% das pessoas são tóxicas. E conviver com pessoas assim não é nada fácil. Reclamam e contestam tudo, você, a vida, os outros, os fatos..., estão sempre encontrando problemas naquilo que você fala ou faz. Estão "sempre certas". Se encontrar pessoas assim, saia de perto, não vale a pena menhuma relação.

Acredite, se tentar debater irá perder, sempre. Não se discute com quem usa argumentos insanos, essas pessoas usarão todas as defesas (que a psicanálise explica como defesas do ego) e nunca haverá solução madura para o conflito, a não ser você desistir do embate e deixar o outro com a "vitória".

Porém, e se for um chefe, um colega de trabalho, isto é, alguém que você precisará conviver por um tempo?

- Aquiete-se, não tente convencê-lo(a) de nada, releve os comentários para não piorar as coisas.

Podem até ser pessoas agradáveis, boas na maior parte do tempo. Porém, algo dentro deles, na formação da mentalidade, ligado a faltas, carências e interpretações sobre a vida, formaram uma "mente em defesa exagerada" e, desse modo, cheia de ataque e certezas, verdades prontas para aparecerem quando você menos espera. Falo mais sobre esta construção no livro VERDADE, REALIDADE, INSANIDADE.

44 VOCÊ, CIÊNCIA E ESPIRITUALIDADE

Na realidade, essas pessoas são vítimas da própria história que construíram desde a infância, não fazem por mal (mesmo que façam o mal), mas vivem o lado ruim por uma crença errada sobre os outros e sobre si mesmos. Acreditam "pelo lado da ilusão".

E se for alguém da família? Um filho(a), esposa, marido...?

Não abandone. Aprenda a conviver (fará parte do seu crescimento em maturidade). Acredite você agora: EXISTE MUITO AMOR. Contudo, a pessoa desconhece totalmente a realidade do que sente e do que causa. E sofre tanto quanto a quem faz sofrer. Se for mantido o conflito, todos perdem.

Muitos teóricos dizem que não há solução. Na verdade, VOCÊ nunca será solução. Mas, ela existe. Ou você não acredita em milagres?

- Contudo, terá que partir dela, da pessoa.

Jesus sempre foi capaz de mostrar o caminho – e agora vem a principal questão – ELA PRECISA ACREDITAR que há um problema (para de desacreditar em tudo), que suas ações trazem dor, muitas vezes, que precisa retirar a trava dos olhos, enxergar o que de fato causa as discussões (desnecessárias para relações saudáveis) e, por fim, passar a desejar a mudança e levantar-se de onde está – "a sua fé te salvou".

É preciso querer crescer (acordar e sair do pesadelo).

Isto é algo entre ela e Deus, NUNCA se coloque no meio dessa história. Você não vai conseguir isso racionalmente. Enquanto o milagre não aparece..., seu papel será "acreditar" no amor, aquietar-se, calar-se e servir de apoio e inspiração. Sorria por ver alguém em evolução mental e espiritual. É, demora, mas um dia acontecerá a transformação.

Não digo aqui que você precisa ser "saco de pancada", mas aprenda a se desviar dos socos com inteligência. Se é preciso conviver com alguém assim, e não será fácil, então, aprimore sua inteligência emocional.

E não se veja como um mártir, mas apenas alguém também em um caminho de aprendizagem sobre a vida – "cada um com sua Cruz", como dizia minha amada mãe. E como eu digo:

. - É apenas mais um problema para você crescer cada vez mais.

Agora, a pergunta mais importante, afinal, 20% (muitas pessoas) é assim. E PRESTE ATENÇÃO NA PERGUNTA, porque você fará tudo para fugir dela ou jogar o livro na minha cara (fuga e luta):

- E SE VOCÊ FOR ESTA PESSOA TÓXICA?

Vá agora mesmo tomar um pouco d'água, abra a janela, respire e só siga lendo este livro quando sentir o ar fresco em seus pulmões, forte o suficiente para olhar para o céu e agradecer a oportunidade de dar um salto gigante de amor em sua vida. O autodiagnóstico é o único caminho de cura, visto pelo lado humano. Deus apenas acompanha seu esforço.

Vigiar e orar irá te ajudar muito. Mas, primeiro lembre-se desta frase, aqui em modo pergunta que precisará fazer a si mesmo:

- "Pare! Estou (eu) indo para o lado errado?"

Além de observar (e aceitar com coragem e confiança) que age muitas vezes com um:

- "Sempre estou com a razão" (mesmo que minta para si mesmo e para todos que não é assim).

- "Sempre acredito que 'o outro' é o culpado e quer me ferir e prejudicar de algum modo".

- "Vivo em um estado emocional que gera briga" até com as pessoas que julgo amar... ... ...

... Só há uma saída:

- A TUA FÉ TE SALVARÁ.

"Será uma conversa entre você e Deus". Mas, pode pedir ajuda a um terapeuta. Existem pessoas boas para isso. Mostre este capítulo e peça ajuda para pensar sobre ele.

E se você for parceiro(a) de alguém assim, esqueça de querer você transformar o outro, não se meta, apenas ore para que esta pessoa se dê conta do que faz e sofre, que ela consiga crescer e não fugir mais. Permaneça apenas como um grande motivo de amor e inspiração.

A transformação verdadeira sempre será um crescer de maturidade, um avanço neural (cerebral), um aproximar-se cada vez mais do infinito, um destravar de almas. Pela fé (que move neurônios).

46 VOCÊ, CIÊNCIA E ESPIRITUALIDADE

Só você (a própria pessoa) poderá operar este milagre (e não peques mais, completava Jesus).

Você verá uma mudança tão grande e para melhor em sua vida (e na vida de quem convive) que questionará por que não agiu assim antes.

Pense nisto:

- O cego que pedia esmolas na porta de Jerusalém, quando "ouviu" Jesus se aproximar levantou-se e foi correndo até Ele. Ali mesmo foi curado. "Gastou a vida toda" vivendo miseravelmente de esmolas. Muito tempo, verdade?

- Por que não correu antes até Jesus?

- Se Jesus é a verdade, posso reformular a pergunta:

- Por que não correu antes até a verdade?

- Se é a sua fé que salva..., está esperando o que para ser feliz com você e com as pessoas que ama e convive?

- Olhe agora e "sinta", com todo seu cérebro e a fé por um grande Deus; olhe à sua volta e reconheça o caminho e o propósito (cosmos); observe a evolução por todo o universo (pouco importa se por milhões de anos ou alguns poucos mil anos, mantenha suas crenças) e veja até onde Ele chegou com você.

Agora, não menos importante, perca o medo do mundo, acredite na história que Deus reservou para você, faça da melhor maneira sua etapa nesta verdadeira corrida de bastões. Não derrube o bastão, e se porventura derrubar abaixe-se (o que for necessário e pelo tempo necessário) e tome-o de volta para você, mas não abandone o bastão, a fé, o melhor destino.

Muitas vezes é preciso desacreditar primeiro, e depois acreditar, e por que não acreditar? A única coisa que perderá será o medo.

E agora, avalie comigo?

- O que ganhará convivendo e mantendo caos e não com o cosmos?

- O que irá ganhar com tanta dor e sofrimento nos diversos momentos de "luta para provar que está certo(a), em discussões intermináveis"?

Posicione-se para uma vida melhor e TREINE.

"Se Deus é por nós, quem será contra nós?" Romanos 8:31.

Agora pense, com esses neurônios todos que Deus lhe deu:

- "Se o universo e sua natureza estão por nós, que será contra nós?"

- Só eu mesmo posso sabotar o meu caminho. Apenas a "minha" ilusão pode se opor à "minha" felicidade. Por eu mesmo não ACREDITAR em mim, Nele, no propósito. Ele, o Pai, acredita em mim. Somente espera que eu abra os olhos.

Enviou o filho para lavá-los, tantos profetas para gritarem comigo a fim de que eu enxergasse e escolhesse a direção certa..., e os apóstolos para que ensinassem o caminho.

E você insiste "não olhar"?

- Pois é!

Observe:

- Muitos afirmam terem fé. Mas, quase não conversam com Deus. Quando vão aos templos, cultos, cerimônias..., pouco ouvem, olham para as horas, porque estão lá apenas para cumprir alguma obrigação religiosa, mostrar para os amigos que têm valor diante do padre, pastor, omã, xamã..., pensam que desse modo podem ficar bem com Deus e garantir um lugar no céu... Mas, a fome e o almoço ou jantar que estarão logo ali prendem mais a atenção do que as palavras faladas para as paredes. A churrascaria ou a pizzaria é o máximo que hoje o lobo frontal dessas pessoas consegue antever, levados pelo primitivo da fome, da ilusão e das emoções automáticas. Isto é, não tem ninguém sentado no *cockpit*, no comando cerebral de si mesmo.

Caro leitor. Você está exatamente agora em um lindo planeta azul, que varre o espaço em uma velocidade gigante, fazendo parte de uma maravilhosa corrida para a eternidade.

Está na hora de colocar as mãos no manche.

Você é o piloto.

Seu "dia" só depende de você.

Nunca mais desacredite de si mesmo.

Capítulo **VII**

RESSIGNIFICAR O QUE APRENDEU

O que mantém alguém imóvel não é propriamente uma doença, mas uma crença ruim, preconceitos e medos, como mostrei, às vezes comportamentos tóxicos. Devemos desatar as correias que nos prendem ao medo.

Cada vez que um anjo do Senhor aparecia falava assim:

- "Não temas...".

- "Maria, não temas porque achaste graça diante de Deus".

- "Zacarias, não temas porque sua oração foi ouvida".

Esta fala aparece centenas de vezes em toda a Bíblia.

O medo é uma emoção de defesa desenvolvida pela natureza para que possamos nos proteger, com a consciência, o reconhecimento desse medo. Está mais do que na hora na evolução humana de passarmos a compreender que somos TOP e podemos ser muito mais, com todas as nossas forças mentais, "sabendo" que a fé, aquela que nos mostra a direção, precisa ser "olhada" com admiração e CONFIANÇA.

Uma fé olhada por quem?

- Pelo comandante, sentado no *cockpit* do lobo frontal – VOCÊ.

Confie em você, no universo e propósito Dele.

Alivia muito nossa alma quando apontamos para o caminho certo.

"Lembra, mais uma vez e sempre, o que Jesus dizia para quem Ele "realizava" um milagre?

- "Tua fé o salvou"! (Agora vá e não peques mais).

48

Isto é, o poder já está com você, acredite, é seu. Deus nos deu essa capacidade mental. E se já possui poder, agora pergunto eu, por que o medo?

- Refiro-me ao medo por questões pequenas, tolas ou que você já deveria se reconhecer mais forte que "esses problemas" (aliás, o maior objetivo desse Programa todo é fazer você reconhecer que é muito forte e que pode acreditar, compreender, ressignificar e fazer novas escolhas).

Aprendemos durante a vida as inseguranças e medos "criados por nossos pais e cuidadores", além de alguns temores que nós mesmos formamos e interpretamos. Lembre-se de que cada um está em sua própria jornada e, como sempre digo, nossos pais apenas chegaram antes de nós, são seres humanos que precisam dar conta de suas próprias vidas, as questões postas no universo para o aprendizado deles, a escola deles, o bastão deles.

Quando somos apresentados a "qualquer coisa", por meio dos órgãos dos sentidos e desde que nascemos (um pouco antes também), os neurônios constroem conexões específicas entre si, milhares delas, "aprendem" e guardam essas informações na memória (outro grupo de células nervosas também especiais).

A princípio, em uma memória tremendamente frágil, as informações desaparecem rapidamente. São as emoções que vão separar o que é importante do que não é para que assim permaneçam apenas as lembranças significativas. São significativas porque se relacionam com as nossas necessidades e sobrevivência.

Um bebê olha para uma porta, ele nem sabe o que é uma porta, para que serve, mas a porta está ali, bem na frente dos olhos dele... Contudo, quando ela se movimenta e por trás dela aparece a mamãe..., aquela porta passa a possuir um tremendo significado. "Quando irá se abrir de novo"?

- Você hoje não se recorda de ser amamentado – pode ser que algum leitor(a) sim. Mas, ainda criança com certeza essa memória estava fortemente gravada.

Um dia desses minha filha, já com cinco anos e no colo da mãe, olhou para o peito dela, puxou a roupa e... quase! Minha esposa a afastou com um grande "Ei! O que quer aqui?" Foi engraçada a situação e todos rimos, inclusive a minha filha. Esperta a menina. Ela lembrou, por alguns instantes, daquela situação tão amorosa de um passado recente!

Isso nunca aconteceu comigo, quando chegava já adulto e abraçava a minha mãe. Nunca tive vontade de arrancar a blusa dela e mamar eh eh! Acredito que nem você. Eu não consigo lembrar de praticamente nada da infância, dos primeiros anos. Mas...

Eu era muito pequeno, pouco mais de um ano de idade, quando até hoje lembro de ver a minha mãe sair da cozinha do nosso apartamento, passar por detrás de um móvel vazado, que dividia sala de jantar do lugar de onde eu estava deitado em um sofá. Ela vinha saltitando, sorrindo, segurando uma mamadeira e cantando uma música infantil. A música eu não lembro, mas descrevi a cena para ela depois de adulto. O que chamou a atenção é que eu descrevi o apartamento exatamente como era naquela imagem fixada em minha cabeça.

Saímos muito cedo de lá e eu fielmente não poderia saber, porém, aquele momento quase mágico ficou em minha memória afetiva. Exatamente por isso, um sorriso afetivo de minha mãe, maravilhoso, somado à minha provável fome e a certeza de que iria finalmente receber um líquido especial.

Pare um pouco agora e escreva em um pedaço de papel alguma lembrança bacana assim de sua infância. Se não lembrar, acredite, estão todas lá. Muitos afetos existiram para você, por mais que não se recorde.

É verdade, é a emoção que imprime e ajuda a sedimentar as informações na memória. Provavelmente eu estava com muito medo, sem fazer ideia porque fiquei sozinho e por um tempo que eu também não sabia significar. Onde está aquele ser humano que eu já amava e reconhecia como mãe...? Quando ela apareceu a alegria gravou a cena em meu cérebro, ainda em formação, ficou ali a mensagem de segurança! Eu devo ter aberto um largo sorriso quando a vi, e provavelmente ter dado aqueles gritinhos de nenê e sacudido os bracinhos.

Pare de rir, você fez isso muitas vezes também, eh eh.

Memórias afetivas são tremendamente importantes, pelo bem e pelo mal. Daí vêm os traumas gravados, por histórias ruins, e que precisamos tratar.

Portanto, agora eu pergunto a você:

- E a criança que nunca vê a mãe com alimentos, calor, afetos..., ou percebe diariamente atos de violência em casa, depois fora dela...?

- O que "fica" na memória?

- O que permanece construído nas emoções e pensamentos?

- O que aprende?

Entre a minha pequena história protegida e a de outra criança que cresceu em um ambiente ruim, estamos todos nós em uma gama diversa de possibilidades marcadas na mente.

E Jesus também disse:

- "Perdoe, Pai! Eles não sabem o que fazem".

- "Ame seu inimigo".

Existem motivos para que o mal se manifeste.

Se acreditarmos na vida..., e compreendermos a formação da nossa natureza e propósitos, se dermos novos significados a tudo o que nos acontece..., poderemos fazer novas e melhores escolhas.

O prazer e a recompensa, uma sabedoria cerebral construída para nos ajudar, realizam o papel de mexer com nossas emoções e aumentar a memória. Pelo bem ou pelo mau.

Ficamos alegres ao lembrar onde encontrar alimentos, ter um lugar seguro para dormir, o que nos ajuda a saber que naquele caminho pela mata há tigres e cobras que devemos evitar, e que ali estamos protegidos.

A felicidade ao recordar a sensação afetiva e o calor dos seios da mãe ou a dor da ausência deles DETERMINA nosso caminho e destino?

- Fatores extremamente importantes na construção da autoestima, porém, não determinantes. Porque podemos ressignificar faltas e perdas e "arrumar" nossas emoções (trazê-las de novo para o cosmos).

- Se não estamos bem podemos fazer muito para "mudar" nossos pensamentos e sentimentos. Isso é possível e você merece esse conhecimento. É o que mostrarei para você agora.

Contudo..., é preciso "querer" ser transformado (por si mesmo) para se tornar alguém feliz (logo mudarei esta palavra por contente, mas não se preocupe com isso agora).

Por isso a importância do livre arbítrio.

É preciso SUPERCONSCIÊNCIA para ser feliz..., estar consciente não basta, você vai conhecer e treinar esses conceitos ou seguir a vida sofrendo pelas faltas que estavam, estão e ainda virão apenas para que sejam parte importante do nosso crescimento físico, mental e espiritual. Problemas são as lições que recebemos de Deus, exatamente para que possamos "sair do lugar" e seguir nosso crescimento pelo universo.

Independentemente do que já vivemos (de bom ou ruim) precisamos compreender que nossos pais, cuidadores e parceiros tiveram e têm os caminhos deles. Precisamos encarar nossas histórias pregressas, quaisquer que sejam elas, como um passado que nos ajudou a chegar até aqui. Tudo aconteceu para a nossa formação (neural). E aqui entra a minha fala (que muitos ainda resistem em aceitar):

- "Está tudo certo sempre".

Criamos (desde a fecundação) caminhos e preparos para nossas células crescerem, o que permite felicidade ou infelicidade. A natureza é maravilhosa à medida que vai nos formando, primeiro na barriga da mamãe e depois fora, até você estar aqui, exatamente neste momento e lugar, lendo este livro. (Ponto).

Dá uma olhada agora (para a direção que quiser) e verá Deus sorrindo para você. Não acredita?

- Ok! Respeito.

Mas, se você tentar acreditar sentirá uma sensação bem prazerosa em seu coração. Corra lá no espelho..., rápido, olha lá:

- "Você está com um belo sorriso nos lábios".

Também compreendo que se você não teve esta sensação nem sorriu, como imaginei, é porque a vida já pode ter te machucado muito. Quero aqui mostrar "como iremos consertar neurônios", construir novos caminhos sinápticos (as ligações de comunicação entre as células neurais).

Vem comigo?

- Agora, então, preciso repetir o parágrafo que iniciei este capítulo:

- *O que mantém alguém imóvel não é propriamente uma doença, mas uma crença ruim, preconceitos e medos. Devemos desatar as correias que nos prendem ao medo.*

Assim, vamos finalmente ao que importa:

- Tudo o que é aprendido pode ser modificado, ressignificado, re-aprendido. Todo caminho neural formado por nossas experiências desde que nascemos pode ser alterado para melhor.

Como?

- Se foi nosso pensamento que formou um caminho de ligação em nossas células e guardou na memória, precisamos formar outros caminhos, com outros pensamentos e ligações.

Meu pai foi um médico de sucesso. Competente na profissão e capaz de trazer segurança financeira para nossa casa. Nunca faltou nada.

Nunca faltou nada?

- Como assim?

- Com todas as qualidades que ele tinha, valores, bondade..., e eu posso enumerar muitas, ele foi um pai ausente para mim, não para minhas irmãs. No conceito de vida dele carinho e atenção para com o filho homem não era uma realidade. Elogios, nunca. Ele achava que se me elogiasse eu não me esforçaria para alcançar os meus objetivos. A diferença de tratamento entre mim e minhas irmãs era clara.

A construção de uma baixa autoestima em minha mente foi determinante para a formação de um menino, depois um jovem e, por fim, um adulto problemático.

Como eu reconhecia o poder em meu pai, sua capacidade de liderar a vida, as pessoas ao seu redor, o reconhecimento de todos para com ele, eu sentia que nunca poderia o alcançar. E meu pai também era inalcançável para mim. A construção dos caminhos neurais em minha cabeça (e todo o meu corpo) só mostravam que eu era um nada.

Não poucas crianças no mundo sofrem dessa ausência, até física pela falta real de um pai. Mas, Deus é um cara esperto. E nessas lições para nós ele coloca anjos que nos direcionam.

54 VOCÊ, CIÊNCIA E ESPIRITUALIDADE

Tive alguns, como o supervisor de uma escola que, coitado, não sabia o que fazer comigo, mas quando a minha angústia apertava ele me levava em seu gabinete para conversar.

Lembro-me de duas sensações de quando olhava para ele:

- Uma pessoa que não tinha ideia do que fazer para me ajudar e ao mesmo tempo alguém que "queria me ajudar".

Acredite você, as revistas de super-heróis ajudaram muito na formação do meu caráter, em relação a valores. No entanto, não conseguia voar ou ser imune aos tiros e bombas que encontrava pela vida.

Já contei um pouco da minha trajetória em outros livros e em cada um apenas para contextualizar no tema em questão. Portanto, agora quero te contar o que fiz, o assunto que pretendo abrir para você.

A "falta" e tantas questões como consequência me levaram até o momento de decisão:

- Pedir ajuda!

Para chegar a esse ponto é preciso outra qualidade:

- DECIDIR pedir ajuda.

Mesmo sem saber o que fazer, decidi mudar a rota. Eu não fazia ideia das questões de futuro, de que mudando um pouco o ângulo das velas do meu barco, naquele instante, ele me levaria a milhares de quilômetros longe da dor... Eu não tinha nenhum conhecimento desses em minha mente. Apenas sabia que precisava mudar.

O trabalho não foi fácil. Mas, acredite, plenamente possível e hoje estou aqui sentado escrevendo para tentar mover... quem?

- Você?

- NÃO!

- Teus neurônios.

Eles precisam mirar e formar novas ligações e construir novas estradas mentais. E para isso acreditar, compreender, ressignificar e fazer novas escolhas, palavras e valores que ajudam muito.

É verdade, este programa é terapêutico. Reflexões que provoco em você, em cada página, têm por objetivo fazer você pensar de outro modo do que estava "acostumado" nas suas conhecidas e já calejadas estradas neurais. Uma informação diferente e sua vontade de abrir outros caminhos construirão avenidas mentais diferentes, melhores, que aos poucos serão iluminadas e colocadas no automático. Sua flexibilidade com uma nova maneira de ver as coisas é que entrará no automático.

Mas, não é para hoje, nem amanhã.

Demora um pouco mais, porém..., chegará lá.

Pega o facão e entra na mata, terá que construir outro caminho (neural), difícil no começo. Porém, o facão em suas mãos chama-se "treino", um treino que só termina no último dia de nossas vidas.

Você acha que minha vida é perfeita, sem problemas?

- Engano.

Ainda sofro revezes "à cada esquina". No entanto, hoje sou o "dono do facão" e sigo pela mata da vida neural com muito mais confiança do que aquele menino assustado do passado.

"Tomo MINHAS decisões sobre MINHAS ações".

É verdade, salientei "minhas" porque assumo o comando (no mais que posso) sobre os fatos da minha vida. E é o que desejo para você.

Então, vamos lá:

Se aprendemos com a vida, passada e presente, podemos seguir assimilando e agindo sobre cada fato em nossa história, porém, o melhor só virá sem passividade. Ações, atos, verbos, movimento..., nunca estagnação. Vamos modificar, melhorar nossas crenças, agora com você no comando.

Segure firme o facão, com uma das mãos, e o manche, as rédeas, os cabos de vela – chame como você quiser, com a outra.

Mas assuma a direção.

Capítulo **VIII**

Escolha Seu Melhor

Se o que foi aprendido pode ser modificado é preciso saber a origem do medo (medo da perda, do abandono, das faltas...) e, a partir de então, começar a formar crenças positivas..., e agir sobre elas.

Olhar para o passado e trabalhar suas questões só irá valer a pena (e funcionar) se você abandonar o medo e se permitir ajudar verdadeiramente. Não são poucas as pessoas que vão aos psicólogos, terapeutas e psiquiatras apenas para tentar incessantemente validar suas "verdades". Querem muitas vezes encontrar alguém que diga que "você" está certo ou lhes entregue uma pílula mágica que resolva todos os problemas. Doce, inoperante, fraca e falha ilusão.

Bom é o terapeuta que quebra essa defesa do medo, faz você enxergar seu verdadeiro valor e a ausência de necessidade de "defesas".

Este assunto é tão importante que vou repetir aqui – já falei disso em outros momentos e ainda vou falar de novo muitas vezes:

- Você pode escolher tratar sua dor e se curar ou permanecer anos "batendo papo" com um "amigo terapeuta" (e gastando seu dinheiro); você pode escolher ser feliz ou dar uma passadinha rápida no médico apenas para pegar uma receita de antidepressivo (e gastando seu dinheiro); você pode... (chega, já fui duro demais).

Para mim, terapia (e eu já fiz isso algumas vezes) é bater à porta de um profissional e ao entrar falar assim:

- *Me ajuda a pensar, por favor? Estou com dificuldades de entender algumas coisas e não estou me sentindo muito bem com isso.*

Esse profissional é treinado para te ajudar a enxergar.

Não é à toa que dizem que Jesus foi (e é) o maior psicólogo da história. Mas, isso se você desejar ouvi-lo e se esforçar para entender a maravilhosa fala, e não apenas ser um "repetidor ambulante de versículos e parábolas" que decorou e nunca refletiu sobre a profundidade da mensagem contida em cada uma delas. E mais, agir sobre elas.

Perceba que VOCÊ estava lá no passado! Sua história, qualquer que seja ela, estava lá, foi criada lá, não dá para mudar ou apagar. Então, aproveite o que ela te trouxe de bom. Lembre-se do que sempre digo:

- "Problemas são presentes" que Deus nos oferece para que a gente cresça (assim como um professor de matemática). Crescemos nas dificuldades e não fomos feitos para correr para debaixo da cama (aprenderemos a viver, assim como aprenderemos matemática – se gastarmos energia neste processo).

Muitas vezes é até difícil "saber" ou lembrar de fato o que aconteceu no passado. São muitas variáveis e interpretações. Mas, com coragem, confiança e fé, você pode mudar o que pensa sobre ela HOJE e olhar com muita atenção para este presente e, como consequência direta, para o futuro. Nunca se esqueça, presente é um PRESENTE. Abra o pacote, todos os dias.

Sabe por que esta parte do livro está tão enrolada, repetitiva e...

- PARA VOCÊ PENSAR BEM sobre tudo isso!

Não vou mais cansar você, nem perder nosso tempo descrevendo diversas "situações". Escrevi muitas delas em outros temas do Programa SUPERCONSCIÊNCIA/FAMÍLIA DO FUTURO. Apenas permita-me um pensamento, mais uma vez, talvez por ser um dos mais importantes:

- Em sua história, seus pais amaram (e amam) você demais, mesmo que não demonstrassem (muito) ou não fossem capazes de se fazerem compreender, ou nem mesmo estivessem presentes de fato em sua vida. Acredite! A intenção deles em amor foi gigante, mas o sofrimento dos caminhos de cada um não permitiu viverem de modo saudável esse amor. Simples assim. Acredite, compreenda, ressignifique e faça agora uma nova escolha sobre isso. Escolha você (e escolha eles). Sua bússola aponta para o Norte e o facão que irá pre-

58 VOCÊ, CIÊNCIA E ESPIRITUALIDADE

cisar para "remodelar neurônios" são as crenças novas e positivas. Não é um trabalho fácil e pode durar toda uma vida, mas o caminho se tornará grandioso a cada dia e inesquecível após a partida.

Se a origem do medo foram as mensagens negativas que recebemos em nossa infância (e dali adiante) e formaram nossos caminhos neurais, dando para cada um a CERTEZA de uma incompetência, desmerecimento e menos amor, chegou a hora de desatar esse medo.

Revendo de modo bem objetivo:

- Percebemos o mundo (assim com qualquer animal) por meio de nossos órgãos dos sentidos, que levam essas informações para o cérebro primitivo.

- Nossas emoções passaram a existir em nós (e nos demais animais) para que conseguíssemos melhores resultados. As emoções nos fazem "fugir ou lutar" com mais velocidade, tenacidade e melhores resultados (ou piores, se nos perdermos de nós mesmos).

- Os pensamentos passaram a percorrer nossos neurônios superiores, por todo o cérebro, gerando coerência e uma conversa incessante com as emoções (lá perto do primitivo). Elas ajudam o pensamento e este reafirma as emoções de modo ideal para manter nossa sobrevivência.

- Se pensamentos se desconectam da realidade "desconectamos nossas emoções" (origem de muito sofrimento desnecessário). E, num círculo vicioso, maus pensamentos levam a emoções ruins que, por sua vez, pioram os pensamentos, mais emoções ruins, mais pensamentos... Está em suas mãos o freio disso tudo (e em sua fé).

Se você observar bem é assim que "criamos" muitos dos nossos problemas. E Deus fica esperando você "arrumar tudo". E te oferece mais problemas até você aprender. Há uma frase que diz assim, desconheço o autor, contudo, me permita repetir aqui:

- "Deus sussurra com carinho em seus ouvidos para você escutá-lo. Até que um dia, por sua insistência em não o ouvir, ele te dá um 'tapão' na orelha". Floreei aqui a sentença original para amplificar a mensagem. Brincadeiras à parte, é mais ou menos assim que muitos levam a vida:

- Cegos, surdos e..., infelizmente, falam pra caramba.

Sua esposa (marido) PENSA que você a(o) está traindo. Imediatamente, em defesa, as emoções dela (dele) entram em alerta e confundem ainda mais os pensamentos.

Sabe aquela expressão "entrei em parafuso"?

- Pois é, entrou mesmo.

Vamos direto ao resultado.

Quando você chegar em casa... Uma cascata de sofrimentos desnecessários para todos apenas pela narrativa do medo e dos maus pensamentos.

- O que falta nesta "sequência evolutiva neural"?

- Conectar neurônios, de modo coordenado e ligado ao comandante do nosso cérebro, o lobo frontal – criado por Deus e desenvolvido pela natureza para nos possibilitar controle e direção sobre toda essa estrutura cerebral maravilhosa. Coloque todo o cérebro para te ajudar.

E se foi Deus que acrescentou propositadamente aquela provocação (dúvida) em nossa mente... apenas mais um exercício (de matemática) para a gente se permitir evoluir?

- Assim como na matemática, se você não estudar, treinar, pegar a caneta, papel..., "baixar a cabeça e resolver as lições" ..., vai aprender como?

Você vai reprovar quantas vezes de ano até "merecer" passar para um ciclo maior (e se formar – literalmente). Quantas brigas (onde você irá bater e apanhar) até decidir crescer?

- Gosta de relações tóxicas onde as toxinas, venenos e desgraças são, respectivamente, ego, medo e desconhecimento (às vezes seus)?

- Não, é claro!

Obrigado (universo) por me alertar da possibilidade de uma possível traição do amor da minha vida. A partir daqui eu assumo. Acordei para o meu descuido na relação, a dor que provoquei no outro e o risco de perder parte importante dos meus sonhos.

Então sente no *cockpit*, mãos nos comandos..., e RESOLVA da melhor maneira possível qualquer tempestade que venha pela frente.

60 VOCÊ, CIÊNCIA E ESPIRITUALIDADE

Verá que muitas vezes "voa em céu de brigadeiro", afinal, só estava enganado(a). E se encontrar turbulências passará por elas de modo maravilhoso e significativo, para você e para toda a família (equipe de voo e passageiros).

E o que direcionará você?

A crença (e a fé).

Em si mesmo, na vida, em Deus, na natureza no universo, nas lições necessárias para escrever a sua história (já pensou se só tivéssemos lições fáceis como iríamos desenvolver, evoluir, crescer...).

Um surfista entra na água pela primeira vez e se embola logo na primeira onda, quase se afoga. Pode desistir ou DECIDIR entrar mais uma vez, e mais uma..., quando passa a enfrentar ondas cada vez maiores, e, dia após dia, a dominar todos os "problemas". Ondas passam, dificuldades também. E as dificuldades tornam-se cada vez menores quando...

"Mentira"! Elas têm o mesmo tamanho, você é que cresceu e venceu. Agora elas aparentam ser muito pequenas para você. Porém, para seu filho. Agora ajude ele a entrar nas águas do mar. A enfrentar problemas e encontrar caminhos de solução.

Não estou dizendo para "procurar problemas" como faz um surfista que busca ondas cada vez maiores. Mas compreender a vida como ela é.

ASSUMA O CONTROLE DOS SEUS PENSAMENTOS E EMOÇÕES

E o que é bem interessante saber?

- A fé posicionada à sua frente ajuda muito a desatar o medo e reaprender o que poderia ter já aprendido lá atrás. Nunca é tarde (para virar surfista). Transforme crenças negativas em positivas acreditando em si mesmo(a). Deus e o universo acreditaram em suas competências e merecimento, falta só você acreditar...

Pensar, acreditar, planejar o que e como fazer, posicionar-se para a onda e... PRATICAR TODOS OS DIAS.

Embolou-se, volta e tenta outra onda. Raspou a perna em uma pedra, volta e pega outra onda. Mas, nunca machuque alguém.

Há muita gente neste mar "pegando ondas", cada um no seu próprio processo de aprendizagem e vida. Observe e cuide dos demais. Depois, à noite, cantem juntos sentados na areia da praia e comemorem mais "novas células e conexões cerebrais". Amanhã tem mais.

Agora, a cereja do bolo:

- Emocione-se!

Lembre-se de que é exatamente ela que guarda em nosso cérebro, na memória, nossos pensamentos. Agora, guarde os melhores.

E os piores, o que faço com eles?

Acredite, compreenda, ressignifique e faça as melhores escolhas.

Reescreva tudo como "novas memórias" e coloque no automático.

E verá a mágica acontecer em sua vida.

Ou você acha que um surfista experiente precisa pensar como pular sobre a prancha, naquela onda gigantesca que promete o tempo todo que irá devorá-lo?

- Não, não precisa.

Assim como ele, o surfista, "sabe sem pensar", que irá vencer mais uma vez.

Estude e pratique matemática (e surfe).

Capítulo **IX**

O REAL E O IMAGINÁRIO

Vamos agora criar o destino, por meio do planejamento estratégico – função do lobo frontal, seu centro de comando –, e partir para o futuro utilizando todo o nosso cérebro, corpo e espírito.

O cérebro (a mente) não diferencia o real do imaginário. Mas, para ter sucesso na jornada é preciso coerência e direção com Deus em com as forças Dele no universo, não poucas vezes contrárias, diferentes das construções de ideias que forjaram nossa cultura até aqui.

Então, agora olha lá na frente, no futuro, e escolha seu melhor, o que será melhor e maior para você. Passe então a perceber o que necessita para a viagem, tanto hoje quanto amanhã. Some isso à percepção do mundo à sua volta no agora (de todos os dias) e mantenha a ação, com disciplina e emoção sempre – treino e consequente evolução.

Pense assim (o que é verdade):

- Eu mando, mas também obedeço ao que eu mando.

- Eu quero, porque é para mim.

Como consequência, muitas grandes lições para todos aqueles a quem amo. O real é o agora. A imaginação é sua projeção para o futuro.

Na saúde, o que será melhor; nos estudos; no trabalho... Para casa; família; amigos; espírito... Complete com o que mais desejar e "imaginar". Divirta-se neste processo, sonhe com anjos e o impossível. A mente é sua, aproveite.

Certa vez em um treinamento o facilitador pediu para que cada um na sala fechasse os olhos e imaginasse um lugar de segurança para que pudéssemos nele nos refugiar, cada vez que não estivéssemos bem. Ele não disse mais nada.

Será que era um local de fuga, apenas pausa e descanso no caminho..., ou um lugar para "pensar melhor" e depois reiniciar a luta?

- Não, o objetivo era apenas construir um lugar de referência.

Muito bem. Sempre gostei da ideia de comprar um Motor Home. Neste exercício pensei em algo assim para me sentir acolhido, protegido, e ao mesmo tempo capaz de me levar para vários destinos (imaginários ou não).

Vi a mim mesmo sentado em uma mesa dentro do carro, ao lado da janela para que pudesse apreciar a paisagem, meus livros todos próximos a mim, para que eu não perdesse a conexão com as minhas buscas..., enfim, era um lugar agradável, suficiente, e a ideia me dava paz.

Observe que não me sentei em um lugar de direção, era momento para relaxar, meditar, descansar..., e não trabalhar, comandar.

Terminada a hora da "imaginação" cada um deveria contar o que veio à cabeça. E eu contei a "minha viagem em detalhes". Outros na sala fizeram o mesmo, cada um apresentou a sua representação.

Entretanto, uma dessas histórias chamou a atenção de todos. Um dos presentes desenhou ali mesmo, e para todos, a grande estrela brilhante que ele se transformou no céu e explodiu como uma colorida e radiante supernova, saltitando (palavras dele) e alegre por todo o universo.

Todos riram. Fiquei encantado com tamanha sensibilidade.

Grande sonho, pensei. Cada um com suas construções de vida, imagens e emoções.

Nosso cérebro é fantástico. Todos "somos".

O que importa pensar e fazer aqui?

- Solte-se e use todo o seu poder, nem que seja para saltitar pelo firmamento. Mas..., PERMITA-SE. Projete seu futuro com todas as cores, odores, sabores... e siga adiante.

Se começar agora, como você estará daqui a um ano, dois, cinco, dez... Que tal seus sonhos e desejos de hoje realizados amanhã?

- Participei desse "experimento" há pouco mais de trinta anos. Nossa! Nem eu fazia ideia de que veria tantas coisas por aquela janela imaginária do MEU Motor Home. Ele, apenas uma construção imaginária para dar suporte real ao caminho. Eu, pela estrada, meu amigo lá atrás, explodindo pelo universo (brincadeirinha), mas feliz.

Quanta dor passei, quanto amor encontrei, tudo experenciado e aprendido naquilo que me foi possível em cada momento e quantas novas direções.

Desejo que aquele jovem em sua estrela cintilante, voando por todo o universo, tenha encontrado as melhores histórias. Cada um de nós terá a sua, com grandes tarefas e enormes lições.

Antes de continuar com as emoções do próximo capítulo, pare um pouco, em um canto de repouso e silêncio. Olhe então para cada quadro em sua vida:

- Saúde, estudo, trabalho, família, casa, amigos, espírito... Escreva ao lado o que fará com cada tema e para onde quer ir. Pode ser que daqui a um ano conquiste o que deseja. Mas..., também, pode ser que dure toda a eternidade e você nem chegue perto de cada desejo. O que mais vale é o caminho. Entre o céu e a Terra estão todas as oportunidades (e a vida).

Aprenda, de uma vez por todas, o que importa de fato é o HOJE.

É você olhando para seu lado (olhe agora) e perceber que não está sozinho (nunca). Deus está bem ali ao seu lado comemorando cada passo que você dá em direção ao futuro. Ele nunca vai embora, nós e que esquecemos dele, não poucas vezes, e costumamos "dar voltas por aí". Volta logo "filho(a) pródigo". Antes do "tapão" de Deus.

Capítulo **X**

CONVICÇÃO

Estratégias promotoras de luz.

Segurança, amor, partilha, consideração, reconhecimento...

O que você quer?

- Você pode, você merece, você tem direito, aliás, você tem obrigação de ser feliz. Mas, é preciso ter convicção disso. O poder da mudança está com você, depende apenas de você "apertar os botões corretos" para gerar CONVICÇÃO. Esses botões estão com você, em você.

Para te ajudar com esta convicção sempre afirmo, escrevo, falo, grito..., esta frase:

- "Você é a pessoa mais importante do universo". Passou da hora de acreditar nisso.

Uma convicção verdadeira (e ainda muito mais forte) é possível porque está diretamente vinculada à central de comando em seu cérebro, o lobo frontal, e à possibilidade de Fé, diante da sua "imagem e semelhança de Deus", bem na frente da sua cara. Entendeu ou quer que desenhe? Essa brincadeira estúpida nunca foi tão necessária.

Se quiser você pode enxergar sua fé, diante dos seus olhos. Ali, um pouco acima, na frente da testa. Pronto. Achou?

Então vamos a algumas coerências importantes para você decidir HOJE em sua vida:

- O que você fará a partir de agora em relação ao que acredita sobre si mesmo, a vida, os outros..., e à sua fé?

- Vai desistir de superar problemas... "mais uma onda enorme que vem em sua direção"?

66 VOCÊ, CIÊNCIA E ESPIRITUALIDADE

- Pega a prancha e parta pra cima!

Convicção..., de que dará certo (mesmo quando não, volta lá e...).

- Qual a relação passará a ter com seus pais, esposa (marido), filhos, amigos, vizinhos, chefes, subalternos..., o porteiro do seu prédio que olhou feio para você outro dia. Vai revidar ou vai amar – e perdoar – ele(s) e o caminho dele(s)?

- Que tipo de amigos você vai escolher conviver..., e que tipo de AMIGO você vai ser?

- O que vai fazer agora em relação às suas desculpas (para ficar paralisado na praia, só olhando as ondas de longe, morrendo de vontade de cair na água, pular em cima da prancha, deslizar em um mundo de águas "que também espirram na cara, como que tentando te derrubar", às vezes se embolar e morrer de rir enquanto esfola o joelho no fundo, na areia, às vezes pedras ..., ou ainda, e infelizmente, acreditando que aquilo, a vida, não é para você)?

- Como seguirá tratando sua casa, seu corpo, seus vícios...?

- Que tipo de relação passará a ter agora com Deus?

- Depois de tudo o que aprendeu até aqui em sua vida e junto comigo agora neste e em outros livros, que atitude irá tomar?

- Importantes emoções poderão produzir se ao menos pensar em acreditar, sonhar, planejar, decidir com convicção e, o mais importante, praticar todos os dias (para criar, guardar e usar novas memórias) e, para firmar forte memória (da convicção), SE EMOCIONAR.

O HOMEM SÓ CONSEGUE SE LEVANTAR "SE CAIR" EM SI

Nada melhor para isso do que algumas histórias e pensamentos inspiradores.

Muitas das nossas ações e reações são automáticas, aprendidas por toda uma vida..., e todas elas mechem muito com nossas emoções. Pense aqui um ato comum:

- Imagine uma situação na qual você está dirigindo seu carro e carrega no banco de trás algo bastante delicado, sensível, e que não pode "quebrar" de modo algum. Vamos brincar aqui que você está carregando um belíssimo e gigante bolo de noivos. Todos esperam ansiosos por sua chegada (com o bolo inteiro, como foi concebido pelo confeiteiro mais famoso e exigente do mundo).

Ao aproximar-se de uma esquina, na qual deverá dobrar, você, acostumado a uma situação normal, percebe apenas no último instante que está a uma velocidade um pouco acima do que seria seguro para o bolo não cair e freia, quase que utilizando todo o corpo junto, e consegue fazer uma curva bem lenta e salva a festa.

Ufa! Suspira aliviado, ainda olha pelo espelho e vê o bolo bem acomodado e arrumado onde deveria estar e só sairá dali no local da festa.

Vamos ao que importa:

- No meio da curva, e você agoniado, o que acontece com o carro que vem atrás? O que você acha que o motorista faz?

- BEEEEEEEEEEEEEEEEEEEE!!!

Então pergunto, quando você buzina atrás de alguém, quando você reclama de um modo um pouco mais forte com um garçom, pela demora da comida, quando você é indelicado com a balconista de uma loja que não mostra as roupas como você gostaria, com um funcionário que erra, com a empregada em casa que não deixou a louça exatamente no lugar como você queria, com...:

- "Você sabe a carga que o outro carrega quando faz lentamente uma curva da vida e atrapalha seu caminho"?

Por ser tão importante, vou repetir:

> **"VOCÊ SABE A CARGA QUE O OUTRO CARREGA QUANDO FAZ LENTAMENTE UMA CURVA DA VIDA E ATRAPALHA SEU CAMINHO"?**

O que levo comigo?

O que o outro carrega com ele?

Pense e pratique todos os dias.

Ei, Senhor, percebi que não está bem, posso ajudar?

Imagine um cooperando com o outro – bando de células vivas unidas e colaborando pela eternidade (lembre-se do início do livro).

Será que o mundo está difícil por que a gente só buzina?

VOCÊ, CIÊNCIA E ESPIRITUALIDADE

- Quando aquela funcionária falhou com você, o garçom errou o prato, o..., o que eles estavam pensando e qual aflição estavam vivendo (mesmo sem saber, inconscientes)?

- Quando você falha com alguém, qual o tamanho do seu sofrimento interno que vive naquele momento e que foi distração suficiente para você errar, maltratar, fazer o outro sofrer por causa da sua dor?

- Madre Tereza de Calcutá um dia falou assim (entre tantas maravilhas que ela dizia):

> **- QUANDO ALIVIAMOS O FARDO QUE ALGUÉM CARREGA PERCEBEMOS O QUANTO A VIDA TEM SIDO GENEROSA COM A GENTE**

Quando acreditamos, compreendemos, damos novos significados ao que vivemos, tornamo-nos capazes de fazer novas escolhas..., e não apenas "buzinar atrás de quem faz lentamente a curva da vida".

Certa vez criticaram Madre Tereza por ela andar pelas ruas conversando, tocando e orando com pessoas, muito mal, caídas pelo chão. Não havia como tratar tanta gente, que morreriam ali mesmo, sem chance. Ao que ela respondeu:

- *Eu não quero tratá-las! Quero apenas que não morram sozinhas.*

- *Eu vejo Deus em cada pessoa, insistia ela. - Quando limpo as feridas de um leproso sinto que estou cuidando do próprio Senhor. Não é uma experiência maravilhosa?*

- Ela ainda oferecia ao mundo e a todos essas falas com um lindo sorriso nos lábios.

Compreenda melhor agora a nossa afirmação "está tudo certo sempre", que precisa ser viva em nossos corações e almas..., basta encontrar significado e direção para o que acontece e para o que fazemos em nossa vida.

Divina CONVICÇÃO.

Aprenda, treine, qualifique-se para isso e veja, radiante, o que acontece em sua vida.

CONVICÇÃO **69**

E, se acontecer o pior..., deixe o bolo esparramado no chão e divirta-se com o resultado. Não estrague um casamento por causa de um bolo. Bem, geralmente casamentos acabam não por causa de um bolo, mas por centenas deles, por uma falta de preparo ao longo de uma vida. Daí a importância de aprender a pensar (e viver).

E se o pior for muito grave, sinta apenas o suficiente, sofra, mas ofereça essa dor para Deus. Confie, converse com Ele, afinal, problemas graves fazem parte da vida de todos nós, não há como escapar, que sejam sempre grandes lições.

E antes de seguir para o próximo capítulo, faça agora uma oração.

Capítulo **XI**

RECLAMAR OU APRENDER?

Todos nós vivemos reclamando de problemas.

Então permita-me perguntar para você:

- Deus é problema?

- Essa pergunta eu faço para minhas pacientes quando elas vêm ao consultório para também descarregar queixas sobre a vida. É verdade, ginecologista é, ao mesmo tempo, o clínico, o psicólogo, um amigo de confiança para muitas mulheres.

Claro que permito a elas "esvaziarem" as dores por um tempo, mas interrompo a lista de lamentos com a pergunta que as pega de surpresa:

- Diz para mim, Deus é problema?

- Não, claro que não, elas sempre respondem.

Então, ajude-me a pensar, eu digo. Você está já há algum tempo reclamando com uma lista enorme de dificuldades e situações. Se Deus não é problema, Ele não está aqui nesta lista. Falo isso apontando para o lado que ela está olhando, os problemas. Assim, completo:

Quando mantenho os olhos e o coração nos problemas estou sempre de costas para Deus. Perceba Ele ali atrás, olhando para você, sorrindo e pacientemente esperando apenas que você olhe para Ele..., e peça uma direção, ajuda para descobrir o que fazer. Confie, e, desse modo, tranquilize-se procurando acreditar, compreender, ressignificar e fazer novas escolhas. Difícil fazer isso?

- Ele quer que VOCÊ resolva seus problemas, cada um deles, que desacelere um pouco para enxergar melhor o que está acontecendo. Ele quer que você cresça com as dificuldades, que se torne maior que elas. É desse modo que evoluímos, em corpo e espírito. Vai perder tempo reclamando..., ou vai se levantar, andar..., viver (feliz para sempre, ou até a próxima dificuldade, outra lição a ser superada?

- O que você prefere?

- Reclamar ou seguir adiante, a cada "encrenca" que a vida lhe oferecer. Lembre-se, problemas são presentes que Deus nos dá para que saiamos "do outro lado" cada vez mais fortes.

Já disse isso, vou repetir:

- Se eu quero meu músculo maior e mais forte vou a uma academia e imponho para ele uma dificuldade cada vez maior, um peso, um problema para as fibras em meu braço.

Resultado?

- Olhe no espelho da vida e admire os músculos mentais e espirituais plenamente formados. Seu corpo pleno de amor, é lindo... E você aí reclamando que alguém "atrasou você" em uma curva da vida!

Pare! Pense! Por que alguém freou você "naquele momento"? Às vezes precisamos "parar" no acostamento da eternidade. Se a gente não para por nossos próprios esforços e pensamentos, alguém nos para (e não reclame, geralmente é para seu bem, mesmo que não pareça).

Deus não fará nada enquanto você não se virar para Ele e..., pedir: - Pai! Me ajuda a Te compreender (a vida).

Mas, Dr. Jacyr, e as graves doenças, a morte, enfim, os problemas sérios e complicados...?

- *Deus não prometeu dias sem dor, risos sem sofrimento, sol sem chuvas! Mas, força para o dia, conforto para as lágrimas e luz para o caminho. Não disse que a vida seria fácil, mas que valeria à pena.*

Problemas direcionam nossa vida por caminhos que nem sonhamos e destinos que nunca imaginamos. Eles sempre estarão lá. Resta-nos aceitá-los com confiança, muitas vezes ousadia, e aproveitar ao máximo a paisagem, desde o momento da partida até a chegada a novos destinos.

72 VOCÊ, CIÊNCIA E ESPIRITUALIDADE

João Carlos Martins, maestro, um dos maiores intérpretes de Bach. Ele mesmo conta feliz a história do drama que viveu.

Acostumado a tocar piano com as maiores orquestras do mundo, a fazer apresentações nos palcos mais importantes, em diversos países, passou por duas situações que acabaram por lesar definitivamente suas mãos, alterando assim, e para sempre, o futuro dele.

Um assalto e uma lesão posterior, enquanto jogava futebol, selaram o destino. Como um pianista "sobreviveria" sem as mãos?

- Mais tarde ele voltou a tocar (bem). Nunca como antes, mas recomeçou, e inicialmente apenas com um dedo.

Hoje, oferece a história dele, de sofrimento e superação, para inspirar jovens em todo lugar a acreditarem em si mesmos (e no destino). Sente-se tremendamente útil e feliz com o que Deus lhe reservou.

Eu mesmo o ouvi contar:

- *Quando durmo as minhas mãos se abrem! E eu sonho que estou tocando novamente no Carnegie Hall.*

O universo tem um propósito e Deus está no controle de tudo. Ele conhece o caminho. Para nós, resta confiar e entregar tudo a Ele. E agradecer cada lição.

Sempre ouvi essa frase da minha mãe. Quando eu enfrentava um problema, ela dizia:

- "Entrega para Deus"!

Ela apenas dizia a frase, nunca me explicou o porquê. Também nunca perguntei e acho que ela nem saberia responder. Minha mãe era do tempo do "faça e não questione". Talvez pudéssemos ter tempos ótimos debatendo filosofia...

Eu acredito muito no aprender juntos entre pais e filhos. Se não sabemos respostas vamos procurar, eu e você, olha que legal.

Enfim, nossos momentos de dor são partes de uma grande construção. Então, e com grande humildade, a pergunta que deve ser feita para Deus, assim que a gente "se vira" para enxergá-Lo onde Ele está, e não nos problemas, será:

- Ok! Deus! O que o Senhor quer de mim agora?

É urgente aprender a ouvir a resposta. No começo não ouvimos. Mas, não desista (Dele). Um dia você "sente" a resposta. Na verdade, estará mais preparado para ela. Ele sempre responde, apenas nós, muitas vezes, não entendemos.

Vou insistir aqui, e nem importa se já disse isso em outro momento neste Programa, mesmo que de modo diferente, porque é uma interessante maneira de "enxergar" problemas:

- É verão e comprei uma prancha bem pequena para minha filha enfrentar as ondas do mar. Hoje ela está com cinco anos de idade.

As ondas estarão sempre lá e ela precisa aprender a superá-las.

Eu, como pai, estarei sempre por perto.

No começo, ela terá pela frente pequenas ondas, bem perto da areia, e toda desequilibrada certamente cairá nas primeiras tentativas. Se o medo for mais forte, poderá passar o resto da vida paralisada e sem viver a experiência de ondas cada vez maiores, assim como nunca sentirá a felicidade de superar cada uma delas.

Se enfrentar esses primeiros desafios, encontrará "problemas" cada vez maiores pela frente. Isso é bom.

Se o meu medo for mais forte, e tirá-la da água na primeira embolada, serei eu para ela pior do que a mais mortal onda do mar.

Ondas (e problemas) sempre estarão a nossa frente.

E virão outras temporadas de praia com ondas cada vez mais fortes. E ela cada vez mais treinada para valente, confiante e hábil, vencer muitos desafios (problemas).

E eu, como pai, sempre estarei por perto (até mesmo quando não for mais possível). Minha filha carregará em cada célula, cada sorriso, cada companhia, cada abraço..., que eu não cansei de entregar a ela (e receber) todos os dias, desde que tive o privilégio de conhecê--la, no primeiro momento que abriu seus olhinhos para a luz do mundo, até o último beijo, a última lágrima, a última despedida (que com certeza virá). A vida é tudo o que acontece entre esses (muitos) momentos. Não vamos perder tantos presentes para crescer. Verdade?

Um surfista experiente vai buscar "problemas" cada vez maiores e, treinado, vencerá um a um. Arranhões e até algumas fraturas às vezes fazem parte "do jogo", da vida. Embolar-se, então!!! Nossa!

Portanto, aprenda de uma vez por todas:

- Problemas são presentes de Deus para nos capacitar. Podemos sair deles arranhados, machucados, tristes em um primeiro momento, às vezes, porém, mais machucada será minha filha se não pegar a prancha e partir pra cima dos "problemas" cada vez maiores.

E, uma vez ferida, ela sabe que papai estará sempre ali a seu lado. E também a ensinarei "enxergar" Deus em todo lugar.

Capítulo **XII**

QUANDO FOR GRAVE DE FATO?

Vou pegar pesado, calma, apenas um pouco mais pesado. Vamos falar sobre isso porque, afinal, depois que aprendemos o que importa saber tudo fica mais leve.

E o que vou contar será apenas sobre uma onda maior, que sempre se forma à nossa frente. Não há como evitar. Impossível evitar.

Eu havia acabado de chegar em um hotel para descansar por alguns dias, após muito trabalho, quando recebo uma ligação do meu pai. Ele não deu nenhuma volta, foi direto e disse com a voz embargada:

- "Filho! Sua mãe está com câncer. Ela estava se queixando de algum desconforto e quando vimos já está bem avançado".

- "Minha mãe querida", pensei naquela hora, e como médico, sabendo a localização e a gravidade daquele tumor eu sabia que ela não viveria mais de um mês, apenas, no máximo dois.

Naquele momento eu (mais uma vez) me virei para Deus – que sempre está ao nosso lado – e perguntei:

- "Ok Senhor"! "O que quer de mim agora"?

- E ele respondeu:

- Cuida de sua mãe e dos seus.

Eu lembro que pedi uma coisa apenas. Naquela idade, e tipo de tumor, eu não pensei em pedir pela vida dela, que já tinha sido magnífica em diversas partes, eu pedi apenas que ela não sentisse muita dor e não tivesse medo. Apenas isso. O que é muito.

76 VOCÊ, CIÊNCIA E ESPIRITUALIDADE

Foram oito meses até eu presenciar a última lágrima que ela deixou correr, já inconsciente, entregue a Deus à minha frente, minutos antes de morrer, enquanto eu ali me despedia.

Saudades, mãe, e obrigado por tudo, pelo seu possível.

Porém, durante a doença e até chegar este dia da despedida procuramos fazer tudo para deixá-la bem.

Certa noite cheguei na casa dela e à mesa preparada para o jantar peguei meu telefone para fazermos uma "selfie". Assim que olhei para a foto que tirei, disse a ela:

- "Mãe, você não morreu ainda, quer por favor fazer uma cara de alegre"? E esta foto eu mostro em minhas palestras sobre esse tema. Ela ficou linda, porque "decidiu ficar" linda, ousou, tentou, viveu um pouco mais. Morreu um mês depois.

Eu sempre conto que ligava para minha mãe todo final de tarde para saber como ela estava. E do outro lado sempre vinha a mesma conversa:

- "Oi Jusé! Tudo bem"?

A única mulher no mundo que me chamava de Jusé.

Hoje eu ligo para ela de vez em quando, às vezes não consigo, não temos sinal, outras dizem que ela não está, foi passear com Deus, mas quando atende segue do mesmo jeitinho:

- "Oi Jusé, tudo bem por aí? Aqui está ótimo. Lembra que eu disse que não precisava se preocupar, eu já tinha muito mais conhecidos meus aqui no céu do que na Terra? Pois é, estamos todos felizes e torcendo por vocês".

Aproximadamente um ano após a morte de minha mãe fui fazer meus exames preventivos periódicos. Estava deitado para realizar um ultrassom e não me identifiquei como médico, nem que também era especialista em ultrassom. Deixei o profissional ali trabalhar sem nenhuma interferência minha. Nesses momentos é melhor eu ser apenas um paciente a mais.

Estava relaxado e de olhos fechados, tranquilo, quando percebi que ele se mantinha com o transdutor do aparelho por mais tempo em uma área do meu corpo. Ouvi o ruído característico do movimento de abrir a gaveta do teclado e começar a digitar e marcar "alguma coisa" que havia encontrado. Abri meus olhos e olhei para a tela do equipamento onde estava estampada uma "linda lesão tumoral".

Exatamente neste momento ele aciona o Doppler, uma função do equipamento para detectar fluxos de sangue dentro daquela massa irregular, escura, estranha. Parecia um sol de tanto fluxo sanguíneo que havia ali.

"Olha só! Estou com câncer, pensei".

Exatamente naquele instante senti uma paz, difícil de descrever aqui em palavras. Foi uma sensação muito boa. Em nenhum momento fiquei assustado, com medo. Imediatamente veio em minha cabeça o adorável "está tudo certo sempre". E estava tudo bem mesmo, desde que me dei conta do tumor (desde sempre).

Identifiquei-me como médico e que ele poderia realizar a biópsia ali mesmo, naquela hora, era só pegar uma agulha e "furar o bicho" para colher material para estudo. Eu não estava com pressa do diagnóstico, era apenas para não perdermos tempo em outro dia e horário. De fato, seria simples. No entanto, ele disse que não, precisava de autorização do plano de saúde, que isso, aquilo... Deu várias desculpas.

Fato. Levou 10 dias para a punção e depois mais 30 dias para termos o resultado anatomopatológico. E eu permaneci em paz durante todo este tempo. Mantive minhas rotinas de trabalho, casa..., apenas, claro, o que faria para facilitar para todos um eventual problema a ser enfrentado.

Negativo para malignidade, foi o resultado do exame.

Tudo bem, a imagem feia nos enganou e realmente foi preciso aguardar a análise laboratorial dos tecidos enviados. O tumor é benigno e nem sequer precisa ser retirado. Apenas se crescer ainda mais.

Sim, eu estou bem preparado para a morte. Ou, melhor colocando, estou preparado para a vida, em todos os momentos, até quando precisar, de fato e direito, ir embora.

Verdade, morrer é um direito. Imagine se não existisse a morte, que enorme confusão seria?

78 VOCÊ, CIÊNCIA E ESPIRITUALIDADE

- Permita-me transcrever aqui uma postagem que fiz para um evento de finados. Um pastor no Canadá me ligou dizendo ter ficado impressionado com essa visão sobre a vida e a morte. Segue assim:

- PENSAR COM AMOR NA MORTE É UMA DAS MAIORES EXPERIÊNCIAS DA VIDA (para ajudar em dias difíceis).

Uma noite dessas um pastor evangélico falava sobre a morte, quão difícil passar por essas tristes histórias na família. Ele contou que a mãe dele estava morrendo e como era triste se conformar com aquilo.

De repente ele disse:

- "Todo mundo tem medo da morte, não é mesmo"?

- Não sei por que, com tantas pessoas na sala ele olhou para mim e seguiu-se com esta:

- "E você Jacyr, tem medo da morte?"

Estava com 13 anos de idade quando minha mãe atendeu o telefone e exprimiu um enorme NÃO, num grito de dor. Eu me assustei, nunca vira minha mãe daquele jeito. O irmão dela, meu tio, acabara de falecer em um acidente de carro. Foi a minha primeira experiência de perto com a morte.

Estranhei ao ouvir gargalhadas de meu avô, mas estava enganado, era um choro convulsivo, o choro de um pai.

Passaram-se os anos, e este meu avô faleceu após 8 meses de sofrimento causado por um acidente vascular cerebral – AVC. Eu cuidava dele, com a família, enquanto ele descansava em meu quarto, em minha cama emprestada para seus últimos dias.

Certa noite cheguei em casa e soube que ele acabara de morrer. Curioso, um primo me recebeu na porta de casa e disse:

- "Teu vô morreu"!

E eu pensei, meu?

- Nosso avô morreu.

Foi uma sensação tranquilizadora para mim quando entrei em meu próprio quarto e ele, pela primeira vez depois de tanto tempo, parecia finalmente descansar.

Logo, perdi meu outro avô. Uma demência precoce o levou, não sem antes de ele me divertir quando eu chegava e ele me levava até a janela do quarto para mostrar orgulhoso, sorrindo e apontando lá fora no céu, a Áustria, a Alemanha e outros países que ainda restavam em memórias e imaginação. Eu admirava "tantos lindos sonhos".

Morre a minha avó, amada esposa, companheira daqueles sonhos. Eu parecia estar me acostumando a estas perdas. Perdas de idade.

Até que um fim de semana de finados, em determinado ano, um acidente na estrada leva minha irmã. Doeu muito quando recebi a notícia. Não entendia por que tanta vida e energia terminava subitamente aos 26 anos de idade. Eu estava com 28 anos e perguntei pela primeira vez a Deus por que tive o direito, o privilégio, a "vantagem" de viver dois anos a mais que ela?

- No entanto, ainda não estava preparado para ouvir a resposta de Deus, aliás, nem esperei resposta alguma. Ninguém me havia ensinado a ouvir Deus. Contudo, pela primeira vez, ao menos, perguntei.

Passaram-se os anos e eu me acostumei com as perdas e as mortes. Pude acompanhar os últimos momentos de minha avó materna na UTI, enquanto ela olhava para mim e implorava que lhe tirassem a dor lancinante que a consumia e subitamente fechou os olhos, para sempre. Grandes e maravilhosos olhos que tanto me acompanharam durante toda minha vida, torcendo por mim, vivendo por mim e para toda a família. Ali eu perguntei para Deus, mais uma vez:

- "Senhor, o que faço agora?

- E dessa vez Deus respondeu. Ouvi, porque estava mais preparado para ouvir:

- "Cuide de sua família, cuide dos seus".

Não ouvi sons! Ouvi meu coração.

Tudo isso eu lembrei muito rápido enquanto olhava bem firme para o Pastor que me perguntou se eu tinha medo da morte, e então respondi:

- "Não, senhor! Eu não tenho medo da morte".

Respondi também que naqueles anos todos aprendi pouco a pouco o que é ter uma grande fé em Deus. O que é notar o perfume de Deus nas flores, no suave aroma do mar. Ouvir o murmurinho de Deus enquanto o vento joga a relva de um lado para outro em meus caminhos pela natureza Dele. Ele, sempre ali, "em todo lugar".

80 VOCÊ, CIÊNCIA E ESPIRITUALIDADE

Contemplar a naturalidade do nascer para a vida que, como médico obstetra, todos os dias abro as portas do céu para receber essas crianças, testemunho a face maravilhada delas por chegarem a este mundo, imagino as histórias que seguirão a partir dali..., o crescimento e, por fim, quando mais tarde termina o tempo e voltam para casa, às vezes muito, muito cedo.

- "Não, pastor! Eu não tenho medo da morte porque aprendi que Deus tem um PROPÓSITO para mim e para cada um de nós! Que mesmo quando coisas aparentemente ruins acontecem são ruins apenas aos nossos olhos. Aprendi que Deus CONHECE o caminho, portanto, quem sou eu para contestar. E, por fim, aprendi que Deus está no CONTROLE.

Pastor, eu completei, estou com o meu *ticket* de embarque aqui em meu bolso, apenas esperando Deus falar:

- "Jacyr, portão três!"

E eu volto feliz para a presença Dele.

Volto para casa (hoje para rever pessoas que aprendi a amar).

Talvez eu apenas peça para que Ele não me diga "portão 58". Se vou partir, que seja breve.

As pessoas, em sua maioria, têm fé, mas têm TAMBÉM muito medo e apego. E eu pergunto a você, então, que Fé é essa?

Considere insistir aqui em três pontos:

- Deus está no controle.

- Deus conhece o caminho.

- Deus tem um propósito.

Se eu acreditar fortemente nisso, que medo terei?

Alguns já me disseram:

- "Mas Deus não existe, e você está se iludindo!"

"Ok"! Eu respondo! Pode ser que você tenha total razão, pode ser que Deus não exista! Mas o meu Deus vive em meu coração! Meu companheiro de viagem. Minha grande e doce ilusão!

E o que é melhor?

- Morrer (e viver) de mãos dadas com o Dono de Tudo, um grande Pai, Chefe do universo? Ou sozinho? Apenas porque eu não deveria me iludir?

Que mal existe em se iludir e viver de fato um grande amor por Deus, pelo próximo e por mim? Pela vida como ela é?

Há alguns anos, recebi um diagnóstico de câncer (contei ali para o pastor, e aqui, parágrafos atrás). No exato segundo vi comprovada a minha Fé e Segurança nesse tema. Sorri suavemente, com uma sensação enorme de Paz e perguntei a Deus:

- "OK! O QUE O SENHOR QUER DE MIM AGORA?"

- Demorou 40 dias para descobrir que não era câncer, tempo suficiente para que eu não tivesse dúvida em nenhum momento da ausência do medo.

Algum tempo depois meu pai liga para mim chorando (você também já sabe esta, mas é bom lembrar), dizendo que minha mãe estava com câncer avançado. Na mesma hora, como médico eu sabia que tudo seria muito rápido. Não pedi para Deus que a curasse, afinal, pela idade e tipo de diagnóstico, apenas pedi a Deus para que ela sofresse menos dor porque este tipo de patologia, naquela localização, comumente maltrata muito. E também novamente pedi pela orientação Dele, como hoje sempre faço:

- "OK! O QUE O SENHOR QUER DE MIM AGORA?"

A resposta senti em meu coração:

- "Esteja com ela, com suas irmãs e com seu pai"!

E assim foi feito.

Demorou ainda oito meses para ela derrubar a última lágrima, eu estava com ela, bem perto dela, naquele momento tão lindo de despedida.

Saudades?

- Todo final de tarde, por toda a minha vida, eu telefonava para ela. Agora não dá mais... a ligação ficou muito cara, não havia Whatsapp naquela época, nem no céu. Mas, acredite, muitos finais de dia sigo "ligando" para ela e ela feliz me atende da mesma maneira, como sempre fez:

- "Tudo bem, Jusé?"

A única na Terra que me chamava de Jusé, num modo tão especial.

(Agora o "novo" no texto e só para você leitor(a)).

82   VOCÊ, CIÊNCIA E ESPIRITUALIDADE

Minha mãe ainda está comigo e eu com ela, em cada célula de meu corpo. Tenho o DNA, a história, assim como do meu pai, meus avós... e todos meus amados antepassados, tão caros para mim.

Aí o Pastor disse:

- "Nossa! Você tem razão. Pensando assim, eu também não tenho mais medo da morte".

Porém, ele completou:

- "Mas, tenho muito medo do modo de morrer".

Como ele percebeu que continuei olhando para ele, não aguentou:

- "Jacyr! E você tem medo da maneira de morrer"?

Fiquei um pouco envergonhado, mas respondi:

- "Pastor! Há dois mil anos alguém muito especial para todos nós morreu de um modo horrível. Que direito tenho para morrer de uma maneira melhor que a Dele?

- Tenha certeza pastor, se um dia chegar para você a notícia de que eu morri num terrível acidente, esmagado, queimado..., você com certeza poderá contar para todos:

- "Ele estava com muita dor, até algum medo, porém, um sorriso nos lábios e de mãos dadas com Deus".

Para o ateu, posso ter morrido iludido, mas para o meu Deus, para mim, para a minha família, morri muito feliz!

E para você que lê este texto, exercite isso. Vale a pena, vale a vida, vale o alívio de um sofrimento inescapável que bem entendido será muito mais suportável.

Essa foi a conversa que tive com o pastor naquela noite.

Meu pai faleceu agora 2020, não pela pandemia que assolava o mundo nesses dias, mas um câncer que o levou aos 90 anos de idade. Morreu após uma existência intensa, pessoal e profissional como médico, trazendo tantos à vida.

Que bom que eu já estava mais preparado para ajudá-lo na partida, no último dia, na última respiração quando o quarto do hospital ficou docemente silencioso. Um privilégio estar ali naquele momento. Um privilégio aprender a amar cada vez mais.

Naquela noite o levei por diversas vezes ao banheiro, ele estava ansioso por urinar, mesmo sabendo que os rins não funcionavam mais. E carregá-lo pelo quarto com tantos tubos e soros, ele com tanta dor a cada passo, não era fácil. Mas o levei cada vez que ele pediu. E ele ainda dizia para mim:

- "Chame o médico, meu filho. Estou em anúria (não produz mais urina) e isso é muito sério, vou morrer". Um misto de delírio e lucidez. Eu apenas concordava e fazia o que ele pedia. Apenas dizia que o médico viria logo pela manhã. Não houve manhã para ele. Não havia mais o que fazer, a não ser apoiá-lo e estar com ele naquela hora tão linda. Tive ainda a oportunidade de olhar para o "outro lado" assim que a porta do céu se abriu. Fiquei tranquilo, havia muitos anjos e muita gente ali para festejar o retorno dele. Tentei ver minha mãe, irmã, avós..., não deu tempo, a porta se fechou assim que ele partiu. Ele fez muito, merecia descansar nos braços de Deus.

Na vida não existem perdas, apenas trocas. Nem passado, nem futuro, apenas presente. Deus te abençoe meu pai. Obrigado por tudo.

Depois de toda esta "conversa" você ainda pode dizer que não está preparado. Ótimo, comece hoje o preparo.

Então você diz:

- "Mas, o que posso fazer com o medo que ainda sinto"?

- É urgente melhor direcionar e exercitar o modo de pensar.

Pense comigo. Você está sozinho(a) em uma cidade desconhecida, ficou até tarde com amigos em um restaurante e agora terá que retornar para o hotel onde está hospedado(a).

As ruas parecem seguras e iluminadas e você segue adiante, confiante. No entanto, logo percebe que terá que passar por uma praça mal iluminada, também em uma rua que mais parece um beco. Não há outro caminho, outra opção, terá que ser por ali.

Conta para mim (e para si mesmo aí, lendo este livro)?

- Medo. Normal, eu também sentiria, acredite, não somos muito diferentes, eu e você.

Segundos antes de você seguir adiante, no que seria uma grande aventura, mesmo sabendo que provavelmente nada iria acontecer, surge na esquina uma grande viatura policial. Eles se aproximam e perguntam se precisa de ajuda e se quer que acompanhem você em segurança até o hotel.

84 VOCÊ, CIÊNCIA E ESPIRITUALIDADE

Imediatamente o medo passa e você até estufa o peito e caminha ao lado dos policiais, tão bem armados, e agora até deseja que apareça um meliante para ver só o que vai acontecer.

O que você sente?

- Confiança, segurança...

E se os policiais não estiverem lá e não haja outra coisa a fazer?

- Lembre-se do que eu já afirmei algumas vezes neste livro, você não está sozinho.

Todos os dias, enquanto caminho ou mesmo dirijo meu carro..., fecho minha mão direita e imagino estar de mãos dadas com Deus. Isso traz muita paz. Aqui a fé pode te ajudar, mas é preciso exercitar esta experiência.

Então, se em vez de estar com policiais bem armados você se sentir de mãos dadas com Deus?

- Existe uma orientação em treinamentos de defesa pessoal que a atitude, a posição corporal ereta, confiante, altiva, muitas vezes são suficientes para evitar que pessoas do mal se aproximem de você. O mal prefere alguém que demonstre fragilidade e medo. Então me responda:

- Como estará sua posição corporal quando você sentir que está de mãos dadas com o Dono de todo o universo?

Acredite, não é tolice. É tática de defesa pessoal e, por que não, espiritual?

- Ninguém gosta de sentir dor ou medo, mas a infelicidade está em nossa mente e coração – pensamentos e sentimentos. O modo como pensamos e acreditamos. A vida é uma ilusão, lembra. Se estamos fracos, qualquer vírus, bactéria ou bandidos nos afetam, qualquer PENSAMENTO não direcionado para a vida e ao amor nos assusta. É urgente DECIDIR de que modo prefere pensar, exercitar e agir.

> **DECIDA DE QUE MODO QUER PENSAR, EXERCITAR E AGIR?**

Pensar em Deus como companhia diária é uma das melhores estratégias para se dar bem (mesmo quando tudo parecer dar errado).

Loucura isso?

- Mas..., isso é conversa para o próximo capítulo.

Capítulo XIII

ADORO SER LOUCO

Sabe qual o "significado" que possui aquele ursinho de pelúcia que toda criança se apega e não gosta de largar?

- Proteção.

Quando se sente insegura ela abraçada ainda mais forte o ursinho.

Você seria capaz de se aproximar dela e tirar o ursinho daqueles bracinhos tão frágeis e ainda sentir prazer nisso?

Não, verdade?

- Então, por que você quer tirar o meu ursão?

- Olha aqui, agora, chega bem perto..., mais perto. Olha o tamanho do meu ursão, sempre aqui do meu lado, só que, neste caso, eu nos braços Dele. Vai encarar?

- Este é um pensamento muito importante, tome para você, exercite e viva em paz, mesmo quando as lições que Ele apresentar forem duras.

É isso que quero mostrar (para quem quiser ser louco como eu). É o que quero ensinar para a minha filha, independente da religião que ela opte por seguir no futuro (o modelo de conversa dela com Deus).

Responda para mim:

- Como estão seus sentimentos de acordo com os pensamentos que tem hoje? Sente-se protegido, seguro, amado..., ou desconfortável, entristecido, principalmente quando pensa estar só?

> **SEU MEDO É INVERSAMENTE PROPORCIONAL AO TAMANHO DO SEU DEUS**

VOCÊ, CIÊNCIA E ESPIRITUALIDADE

- Qual o tamanho do seu medo?

- Qual o tamanho seu Deus (do seu ursão)?

- Ok! Quem é o louco aqui?

- Deus é um Cara tão bacana que Ele deixa até o tamanho Dele para a gente decidir. As consequências dessa decisão também serão nossas.

Então, que tal ser louco, assim como eu, e dar logo sua mão para Deus caminhar com você?

- Vai seguir criticado o padre, o pastor, o imã, o xamã, o... Eles todos estão em caminhos próprios, o lugar de cada um. São fracos como nós (e fortes, geralmente sem saber). DECIDA!

> **OS PROBLEMAS SE TORNAM MUITO PEQUENOS QUANDO COLOCAMOS UM GRANDE DEUS NO CORAÇÃO**

Aprendi a não temer a morte por ser parte do propósito do universo; eu aprendi a não temer o modo de morrer porque nunca chegará nem aos pés do que foi o sofrimento de Jesus.

E quando o pior acontecer?

- Vamos morrer..., ou nascer para a verdadeira vida?

- CONFIANÇA.

"Ah! Mas isso é muito difícil"!

Difícil é perder tantas lições na vida e por isso não se tornar cada vez melhor. Pare de reclamar das tarefas, dificuldades cada vez maiores, pegue o que é necessário para resolver e "faça a lição". Estará cada vez mais preparado para outras "provas".

Aceitar a vida como ela é não quer dizer ser passivo, muito pelo contrário, aceite a vida e "parta pra cima" (de mãos dadas com Deus).

São muitas as minhas experiências como louco. Mas, a primeira vez que dei de cara com a morte certa foi uma experiência bem interessante.

Eu e minha esposa fomos "achados" pelo vírus da covid-19 durante a pandemia. Fomos infectados no início de junho de 2021. Caímos ao mesmo tempo. A nossa piora para um estado grave foi rápida, o que demonstra uma provável alta carga viral – muito "bicho brabo" nos atacando.

Eu estava com 61 anos, havia aumentado um pouco o peso com as restrições da pandemia, forçado a parar a academia que antes praticava todos os dias. Muita coisa mudou para nós (e para todo mundo naqueles dias), no entanto, o cuidado alimentar permanecia – o que sempre demos muita atenção.

Ela, bem mais jovem que eu, não deveria estar sofrendo tanto, mas nós dois, em apenas três dias de doença, estávamos com boa parte do pulmão tomado. Não teve jeito. Tudo piorando rápido, vamos internar.

Isso aconteceu no segundo pico da pandemia, hospitais lotados, pessoas morrendo, mesmo assim conseguimos vagas, infelizmente em hospitais diferentes. Ela mesma me acompanhou no meu internamento.

Lembro-me quando cheguei no balcão, larguei ali meus documentos e voltei para fora, eu precisava muito de ar. De onde eu estava parado, lutando para encontrar algum oxigênio, pude ver ela e minha filha, ainda com quatro anos de idade, no carro acenando, dando tchau para o papai. Um tchau que poderia ter sido o último. Fui chamado para o pré-internamento e fiquei aliviado com o tubo de oxigênio oferecido.

E foi o primeiro pensamento que tive:

- "Como estão aqueles que não têm este ar para respirar"?

- Meu segundo e sequencial pensamento:

- "Por que a gente valoriza tanto algo tão comum, importante e necessário como o oxigênio, apenas quando se perde"?

Foram alguns dias de hospital e eu piorando a cada hora. Insuficiência renal, hepática e o pulmão cada vez mais tomado pelas lesões. Eu mal conseguia me movimentar na cama, apenas mudava de lado em direção à janela e depois o contrário a ela. E essa, em resposta, horas mostrava a luz do dia, horas ela mesma desaparecia com a escuridão da noite.

Conversava com a minha esposa por imagem no telefone celular "vestindo uma máscara" e ela, um pouco melhor que eu, suportava bem com o cateter de oxigênio. Eu também recebia centenas de mensagens desejando minha melhora, muitas orações, e..., agora, o que importa, em momento algum tive medo de morrer. Eu nem pedia nada para o "Ursão", apenas batia bons papos com Ele. Contudo, eu estava muito cansado.

Um momento muito especial para mim foi quando três enfermeiras entraram juntas para mudar minha roupa e realizar as diversas ações que eu necessitava e, após saírem, uma delas voltou e me deu um abraço, tentando passar para mim algum otimismo.

Dou palestras sobre abraços e como devemos abraçar o outro, uma entrega sincera e única. Naquele momento descobri que sempre "dei abraços" da melhor maneira que podia. Porém, sem me dar conta, "nunca me permiti ser abraçado". Na ânsia de dar, demonstrar intenção e carinho, nunca percebi que não me preocupava em receber. Naquele momento da doença eu estava tão fragilizado que não consegui dar, como sempre fiz, apenas recebi. E senti que foi com uma sinceridade tal que comecei a chorar convulsivamente. Precisava me esvaziar daquela força enorme na qual sempre me posicionei e sentia ter. Não por arrogância, mas, por mais que eu já soubesse disso, o equilíbrio entre o dar e o receber é fundamental para nossa vida.

Apesar de estar piorando, meu sobrinho médico que me acompanhava e eu decidimos de comum acordo não entubar. Em alguns dias mais encontramos uma medicação que prometia algum resultado e a partir dela senti que a melhora se iniciava.

Fiquei triste ao saber que recebi tal medicação antes da minha esposa, mas no dia seguinte acharam em outro hospital e ela foi medicada. Estava em falta, tamanha era a demanda naquele momento.

Mais uma vez pensei naqueles que não tem acesso a esses medicamentos especiais.

Com uma melhora progressiva eu queira ir para casa. Não pelo sofrimento passado, mas não me saía da cabeça de que os hospitais estavam lotados e eu poderia ceder meu lugar para alguém. Não estou aqui

fazendo "caras de bonzinho", sinto isso de modo sincero em meu coração.

Meu sobrinho argumentou que se eu piorasse em casa não teria como voltar. Eu me senti forte suficiente para discordar. Demorou ainda dois dias, mas voltei para casa antes do tempo. Minha esposa já estava lá. A doença nela foi grave, porém, menos complicada. A história dela também foi dolorosa, ainda mais tendo que deixar a filha pequena para trás, mas deixe que ela mesma conta um dia.

Saí de cadeira de rodas daquele hospital, eu não conseguia sequer me levantar sozinho, quem diria andar. Gratidão à equipe da ambulância que literalmente me carregaram para casa.

Fui "instalado" em um sofá com uma máquina de oxigênio alugada sempre ao meu lado. O primeiro banho em casa, sentado em um banquinho, respirando com dificuldade no aparelho foi, digamos, diferente. Meu sogro me ajudou e ficou perto de mim o tempo todo. Lembro que eu mesmo me enxuguei, ainda com muita dificuldade.

O auxílio de toda a família foi fundamental, cada um dentro do seu possível. E eu seguia pensando, e quem não tem esse apoio?

Dia a dia conseguia me movimentar um pouco mais, porém, "desmamar" do oxigênio ainda levou tempo. Mesmo assim eu seguia testando minhas possibilidades. Largava a máquina, mas não demorava muito e precisava voltar a ela. Até que, com um progresso maior, experimentei passar uma noite inteira sem oxigênio. Dormi um sono agitado durante toda a doença. Pesadelos variados e fortes, mas dava conta de cada um deles. Eu sabia que estava melhorando.

Devolvi o oxigênio sete dias antes do previsto. Estou até hoje me recuperando das sequelas (já se passaram muitos meses) e ainda preciso de tempo, porém sei que nunca voltaremos a uma normalidade. Não apenas física e mental, mas espiritual. No entanto, esta, melhor.

Podemos ter conosco hoje, eu e a minha esposa, ainda algumas limitações, mas o crescimento espiritual foi grande.

Desse modo, posso te falar sobre a evolução da crença e da fé.

Crença é tudo aquilo que você acredita. Pode ser mudada, melhorada, aceita e até aplaudida. É uma criação sua. Já a fé é uma criação de Deus para nós. Um espaço cheio de sabedoria que paira à nossa frente, a "motivação" que faz com que acionemos em nós os motores de Freud, o fantástico inconsciente, e direcionemos a vida com o significado alcançado por Vicktor Frankl, no lobo frontal, soma que me atrevi a chamar de SUPERCONSCIÊNCIA (assunto mais bem detalhado no livro do Programa SUPERCONSCIÊNCIA: TRAUMA, DEPRESSÃO E ANSIEDADE).

Ambas, crença e fé, juntas, fazem eu exprimir esta frase:

- "Eu QUERO ver Deus em todo lugar".

Em casa, no hospital onde fiquei internado, no trabalho, nas ruas, na... É preciso construir intimidade com Deus.

Como assim?

1. CONHECER DEUS.

Como fazer isso?

- O medo diminui muito com a Palavra e a Sabedoria.

E onde encontramos essa palavra?

Nas escrituras, nos cultos, nas missas, em reuniões de estudos entre amigos, nas orações sinceras.

A palavra é Jesus, a sabedoria, o Espírito Santo.

2. RECONHECER DEUS.

Respeito, procurar ver Deus no outro. Lembrar daqueles que passam faltas e necessidades – que não encontram ar ou mesmo uma vaga em um hospital. Ter tolerância com a vida.

3. CONFIAR EM DEUS. Observar um propósito maior nos fatos da vida e seguir o caminho com perseverança. E, por fim...

4. EXERCITAR DEUS. Colocar Deus com você em cada ato da vida. Em cada tristeza e alegria? Desde a gratidão ao acordar pela manhã até a mesma gratidão ao voltar para casa, deitar, que tal uma doce oração antes de dormir? Falar com o Pai, perguntar, ouvir..., brincar com o Ursão..., e procurar viver o céu aqui na Terra.

(Eu acho que exercitar Deus é a chave).

Deixe-me agora perguntar para você:

- Para que esperar viver o céu apenas quando chegar lá?

- Faça sempre esta pergunta..., e com muita confiança na resposta:

- "Ok Senhor! O que quer de mim agora"?

> **QUANDO VOCÊ ACHA QUE DEUS ESTÁ LONGE QUEM VOCÊ ACHA QUE SE AFASTOU?**

Conta para mim:

- Você já sentiu o burburinho de Deus?

Imagine que você está em um camarim se aprontando para seu primeiro dia de apresentação em uma peça que você mesmo(a) escreveu. Você está bem preparado(a), mas por alguma dúvida disso um medo começa a tomar forma, pois a hora se aproxima. Batem à porta e você responde a chamada. Hora de ir. Não faz ideia se o teatro está cheio ou vazio, só sabe que vai dar o seu melhor. Posta-se atrás da cortina e..., em silêncio e de olhos fechados, procura se concentrar, então, ouve o burburinho do público.

Enquanto as cortinas não se abrem você não faz ideia do que verá. Mas, "sente" o burburinho.

Isso é o que traz consciência.

É o que neste ponto, somada a fé, confiança na direção da mente e do amor, chamo de SUPERCONSCIÊNCIA.

Você não faz ideia do que irá acontecer. Mas, sua fé sente, SABE que Deus está ali com você. Confie! Ele sempre estará com você..., e o melhor, qualquer que seja o resultado.

O problema é que muita gente só espera um bom resultado e esquece que essa é uma escolha de Deus. E se revoltam quando o desfecho é ruim. Aprendi a baixar a cabeça e agradecer o "desfecho" que Ele escolher. É meu Pai, oras, ele decide.

E Ele estava todo tempo comigo enquanto eu me virava com dores e muito sofrimento naquele quarto de hospital. Ele decidiu o caminho. Aceitei e me mantive confiante procurando aprender bem o que Ele queria me ensinar. Eu compreendia o momento, por isso aguentei bem.

Eeeee Dr. Jacyr, e se não for verdade?

- E se o Ursão não existe?

- E se...

Bem! Escolha o que será melhor pra você.

Eu escolhi ouvir o burburinho de Deus.

Seguindo...! Você já sentiu o aroma de Deus?

- Lembro que quando criança íamos toda a família para a praia nas férias. Eram quatro crianças no carro perguntando se já estávamos chegando. Normal para crianças ansiosas para brincar na areia e no mar. Mal meu pai estacionava o carro e eu sentia o aroma do mar, a brisa chegando para cada um de nós. Eu ainda não tinha visto o mar, mas..., SABIA QUE ELE ESTAVA LÁ, atrás daquelas dunas de areia. Havia consciência e confiança de que o mar estava lá – e ainda está.

SUPERCONSCIÊNCIA é ouvir o burburinho e sentir o aroma de Deus. É saber que ele está ali, em todo lugar. Treinar a percepção para Deus nada mais é do que colocar a atenção para Ele, o dono de tudo, aquele que sempre sabe o que é melhor para você. TREINE ISSO.

CONFIANÇA é sabedoria. Lembre-se, é na família que praticamos o nosso maior exercício espiritual. As aulas diárias de relacionamentos desenham o nosso presente e futuro e nos preparam para as aulas extras, mais complexas e difíceis, que sempre teremos no mundo "lá fora".

Problemas sempre existirão.

E Deus sempre estará lá..., para corrigir a lição.

Capítulo XIV

O Que Encontraremos no Céu?

Está bem, você me convenceu, quero ir para o céu.

Mas, o que encontrarei lá?

- Valerá a pena?

Curioso isso! Todo mundo quer ir para o céu, mas ninguém faz ideia do que irá encontrar. Será que anjos tocam harpas, descansando nas nuvens? Onde fica a casa de Deus? Será que Ele estará me esperando?

Interessante o imaginário criado desde sempre. Mas, se existe de fato "um céu", não deve importar muito seu aspecto e sim o que seremos capazes de pensar, sentir e viver (nem que seja no mesmo tempo que ouviremos músicas de harpas celestiais).

Harmonia, comunhão, plenitude, amor.

Um lugar puro, sem pecado.

Não haverá mais choro, dor, morte e escuridão.

Apocalipse 21:4

É verdade, podemos encontrar boas pistas na Bíblia. E como diz minha filha, desde os 4 anos de idade, agora digo o mesmo a você:

- "Então, tive uma ideia!"

- "Qual"?

- "Que tal se a gente fizer já o Céu aqui na Terra? Você já tem a receita, basta a gente "misturar tudo":

- Vamos usar muita harmonia, comunhão, plenitude, amor e deixar de lado dor, choro, morte e escuridão.

Acreditar, compreender, ressignificar e fazer novas escolhas são valores desse Programa que farão muita diferença para você, aqui e lá. Construindo e seguindo princípios, ordem e também outros valores.

Agora peço para você pensar um pouco mais. Logo atrás eu disse como é bom ser louco e ter um grande Deus no coração. Nosso ursão que carregamos com a gente, da infância à velhice. Então completo o pedido:

- Seja diferente!

Isto é, não seja comum e só observe o que passará a acontecer em sua vida. "Respire" o caminho. Afinal, "hoje é o primeiro dia do resto de sua vida".

Esta frase eu li em algum lugar neste mundo. Não sei de quem é, mas vou te contar uma coisa:

- Agora ela é sua. Pronto, decidi. Use e abuse deste pensamento.

HOJE É O PRIMEIRO DIA DO RESTO DE SUA VIDA

Então! Qual plano e estratégia você terá para si mesmo e para a sua vida e família a partir de hoje?

Este capítulo é propositadamente muito curto. Para você parar nele e pensar, sentir, viver cada letra aqui, cada expectativa. Aproveite seu céu antes de prosseguir. Pois, a partir de agora passaremos por caminhos mais, digamos, mundanos.

Fique e aproveite aqui mais um pouco.

Depois segue.

Não há pressa quando se está feliz (na Terra e no Céu).

Capítulo **XV**

COMO TRATAR O TEMPO?

Existem filmes maravilhosos que nos oferecem grandes lições, muitas delas capazes de fazer com que a gente pare, pense e "treine a vida, como deveria ser". É a ficção mostrando caminhos.

"Uma questão de tempo" é um desses filmes; "Viva, morra e repita" é outro. Procure mais tarde pelos dois, assista, aprenda e divirta-se, antes de começar o importante treino do pensamento aprendido.

Aliás, treinar é o que faremos juntos pelo resto da vida. Não se preocupe como fazer acontecer, a vida trará as lições certas para você se exercitar, portanto, será inteligente aprender.

Se te incomoda eu *dar spoiler* aqui, vai lá antes e assista, contudo, acredito que "contar antes a mensagem do filme" apenas o deixará ainda mais interessado e aproveitará melhor o filme, como arte e diversão.

"Uma questão de tempo" retrata uma família que carrega um segredo mágico em sua história. Cada vez que um jovem do sexo masculino atinge a maior idade ele recebe o poder de voltar no tempo. Isso mesmo, há um pequeno ritual com as mãos e "puft" retorna ao começo do dia e pode passar por ele todo novamente. Isso acontece na família para que ele, o jovem, aprenda cinco lições importantíssimas para a vida.

A primeira lição ele descobre rápido. Ao voltar no tempo ele percebe que é capaz de corrigir pequenos erros. Fez uma besteira, uma má escolha, falou algo que não devia..., chegada à noite, bastava retornar logo na manhã anterior e não fazer mais a besteira, a má escolha nem mais falar aquilo que magoou alguém que ele amava. Pronto, resolvido. Passou a gostar da brincadeira e a fazer essa viagem todos os dias.

É verdade, fazemos muitas coisas tolas sem pensar e...

96 VOCÊ, CIÊNCIA E ESPIRITUALIDADE

A segunda lição foi um pouco mais dura como ele. Deu-se conta de que alguns pequenos erros não podem ser corrigidos, ficaram no passado. Não há como mudar.

A terceira lição, e que também não foi fácil compreender, era que nunca devemos corrigir os erros dos outros. Cada um tem sua própria história e precisa viver seus destinos. Voltou para corrigir um erro da irmã e ao retornar ao presente as surpresas não foram nada agradáveis.

A quarta lição que recebeu ao longo do filme foi que é preciso deixar o passado muitas vezes e viver o PRESENTE. Além de não poder corrigir alguns erros e nunca corrigir erros dos outros, as consequências devem ficar no passado (que não existe mais). Esta é uma grande lição de quem sente angústias hoje por um passado mal resolvido e que precisa definitivamente aprender "que a vida é HOJE". Na história, o rapaz queria retornar ao passado e corrigir um câncer de pulmão que estava matando seu pai, fazendo com ele nunca fumasse. Este mesmo o demoveu da ideia mostrando que a aceitação faz parte do jogo da vida. A grande lição, aprender a aceitar.

Por fim, o aprendizado mais importante.

O jovem ficou como um viciado e todas as noites fazia o pequeno ritual corporal e retornava para corrigir as "pequenas coisas" que aprendeu que podia mudar. Divertiu-se muito até que se deu conta de algo que mudaria tudo:

- Finalmente aprendeu a quinta e última lição, fato que o livrou de um poder que já estava se transformando em uma verdadeira maldição. Aprendeu e se livrou de um enorme dilema (o mais fácil de resolver por qualquer um de nós que não recebemos o tal poder da família).

O que era afinal?

- Ele aprendeu que se fizesse a "coisa certa" a cada momento da vida presente "nunca mais precisaria voltar ao passado" para corrigir nada. Putz! Curiosamente é simples demais. Faça sempre a coisa certa.

> **COM AS ATITUDES CORRETAS NUNCA MAIS PRECISARÁ VOLTAR PARA CORRIGIR NADA**

A simplicidade dessa conclusão pode afetar seu humor por esperar dessa história uma "coisa de outro mundo". Mas, observe a sabedoria que vive nesta simples frase:

- "Faça sempre a coisa certa".

Se acha pouco, assista o filme e aprenda essa grande lição.

Mas..., então..., vou revelar para você agora que você tem o poder de voltar ao passado e corrigir muito erros que acontecem. Darei apenas um exemplo na certeza de que irá compreender e sempre fará o que vou dizer agora. E quanto antes colocar em prática, melhor.

Você e sua esposa brigaram logo cedo pela manhã. Você tem duas opções:

- Quando vier à noite você fecha as mãos, concentre-se e, "puft", volta ao passado e não cometa os mesmos erros de "reagir acusando o outro, negando a culpa, inventando histórias, fugindo... (ver essas confusões em detalhes no Programa SUPERCONSCIÊNCIA, no livro AMOR, CÉREBROS E ESCOLHAS). Pronto!

- Agora, a melhor opção, como resolver de fato (e direito). Como a opção anterior não está acessível, você não faz parte daquela família, vou propor outra maneira de voltar ao passado, conduzindo muito bem o presente e desenhando melhor o futuro. O que fazer?

- Compre a flor mais linda que encontrar. Vá para casa, entregue a ela e peça desculpas e diga que a ama. Foi tolo e não conseguiu mostrar a ela que a relação de vocês vale mais e que precisa da ajuda dela para resolver aquele impasse que gerou a discussão.

Mágica?

- Não sei! Mas, se vocês dois assistirem o filme "Uma questão de tempo" juntos (e muitos filmes e livros mais, para aprenderem sobre a vida), as chances de vocês darem certo aumenta exponencialmente.

Ah! A briga foi com o chefe, o problema foi com o vizinho...?

- Volte ao passado. Mas agora do jeito certo. Tenho certeza de que saberá o que fazer (só não compre flores para o vizinho. Talvez um livro ou uma caixa de chocolates seja suficiente). RESOLVA o que não conseguiu evitar.

Vamos ao segundo filme, a segunda história?

- Você pode passar a vida toda repetindo a frase:

- "Eu sou assim mesmo, não adianta".

Quanta pressão você suportaria até mudar um pensamento, atitudes e visão de mundo (mentalidade formada) e, por fim, vencer? Há uma frase supostamente de Winston Churchill que diz:

- *Diante de fatos apenas um idiota não muda de ideia.*

Deixe-me agora comentar outro filme que apresenta "fatos" também importantes.

Tom Cruise representou muito bem essa "luta contra si mesmo e com o mundo" no filme *Live, Die and Repeat*, traduzido para o português como "No Limite do Amanhã". No entanto, o título em inglês, ao menos para mim, reflete mais o nosso objetivo:

- Precisamos viver o nosso melhor possível, morrer para os próprios erros e começar tudo mais uma vez, até..., aprender.

Bem, vencer como um entusiasmado e brilhante herói é "coisa de filme". Para mim, a verdadeira vitória é permitir abrir a mente durante todo o caminho, crescendo até o último dia. O mundo é apenas o tempo e o lugar que nos enchem de oportunidades para crescer e a vitória diária ocorre, mesmo quando parece que perdemos tudo. Não perdemos, lembre-se disso, trocamos, mudamos, evoluímos.

Este filme reforça a frase de que todo dia é o primeiro dia de nossa vida. Afinal, morremos para o passado a cada segundo. E o que você faz "nesse segundo" em que nos é permitida a vida?

- Esta decisão constrói a história que fica para trás e mostra o caminho presente por onde vamos percorrer, a cada curva, com diversas velocidades e..., paisagens na direção a um futuro.

Tom Cruise está no papel de um covarde, filho mimado de um general do exército norte-americano em um filme de ficção científica, desses dos quais surgem monstros vindos sei lá de onde.

O fato é que ele é convocado e todo confiante e arrumadinho se apresenta a um general que comandará a maior batalha que acontecerá no dia seguinte a esse encontro. Ele tem certeza de que será dispensado por ser filho de...

Esta batalha está sendo considerada por todos como a grande final, a maior de todas e a vitória contra os monstros.

O "filhote de general", todo cheio de certezas e medos, faz tudo para evitar ir para a luta. Mas, algemado, é levado até a base onde todos se preparam para o grande enfrentamento.

Apresentado ao comandante daquela divisão ele segue com inúteis tentativas para escapar e a sequência de cenas faz reconhecermos em Tom Cruise o grande astro que ele realmente é. A face do covarde impressiona quem sempre está acostumado com o super-herói invencível de tantos outros filmes que ele protagoniza.

A linha de tempo até ser lançado em uma praia é repleta de movimentos, soldados, explosões, correria, helicópteros abatidos e caindo sobre os soldados..., e ele apavorado vai perdido para todo lado sem nem mesmo saber ativar a própria arma. Após tanta destruição, e a clara demonstração de que todos os soldados estão morrendo, perdendo a batalha, surge um dos animais à frente dele. Um especial, maior, mais assustador... e Tom Cruise consegue, mesmo todo atrapalhado, acionar um explosivo e morre junto com o grande animal, derramando um sangue azul sobre ele.

Momento imediato seguinte, Tom Cruise acorda algemado no campo de preparo para a guerra, um dia antes daquela batalha final. Ele, ainda desorientado com o que está acontecendo, percebe que vive mais uma vez as mesmas cenas que haviam acontecido no dia anterior. Ele voltou no tempo. Logo que morreu seu corpo, ao ser coberto pelo sangue alienígena, recebeu a capacidade de voltar no tempo.

Todas as cenas mais uma vez, as explosões, a morte de soldados que acabara de conhecer... tudo igual e ele apavorado com tudo aquilo e mais o fato de estar passando por tudo novamente. Morreu. Voltou à cena das algemas e do comandante se aproximando e dizendo para ele que "no dia seguinte..."

Tudo mais uma vez...

Até que ele empurrou para o lado um dos soldados, sabia que seria esmagado por uma nave que caiu naquela praia e o salvou. "Aprendeu" que poderia interferir no andamento daquela carnificina. Morreu mais uma vez, voltou, morreu, voltou... A cada volta ele aprendia um pouco mais e se tornava capaz de evitar o pior. Estava cada vez mais PREPARADO para seguir adiante. E seguia. (Entenda isso agora, estar cada vez mais preparado.)

Devo confessar que tantas vezes foram "as voltas às algemas" que o filme em um determinado momento se tornou um pouco chato. Porém, as cenas evoluíam cada vez mais e a história não parecia sem propósito. Fato! ELE APRENDEU A APRENDER. Melhor, ele aprendeu a importância de sair da ilusão e DESEJAR aprender – precisava aprender, porque não havia como escapar daquela situação terrível enganando a si mesmo como fez durante toda a vida (leia novamente este parágrafo).

As algemas eram reais, mas antes de usá-las ele já estava, de certo modo, algemado (pela mente ruim, fraca, covarde...). Na arrogância, na certeza e na fuga por um medo enorme que já existia nele.

Cada um de nós usa algum tipo de algema. Estamos presos, o quanto estamos presos, como estamos presos. Fato. Estamos presos e muitas vezes nem sabemos. A vida é a escola da libertação, do aprender a se preparar e se tornar cada vez mais capaz.

Assista o filme, vale a pena, e você encará-lo com este pensamento agora, melhor ainda.

Sim! Tom Cruise vence no final.

Ah! Mas é apenas um filme, você diz. Ao que eu respondo, VERDADE. Mas, pode ser o filme de sua vida, onde o herói será você, se permitir a si mesmo..., morrer para os erros, o passado, e buscar o aprender.

Estou aprendendo a cada momento, a cada erro. Faço como o rapaz do primeiro filme e presto atenção a cada escolha "para não precisar voltar no tempo e corrigir". E também ajo como Tom Cruise, porém já me sentindo o herói, mesmo que morra em muitos momentos, sei que volto e sigo evoluído no caminho. Quero aprender a viver (sem mais magoar ninguém). Porém, mesmo com alguém, este é um caminho individual.

Estou exatamente agora terminando uma palestra política. Somos seres político mesmo quando não torcemos ou participamos de qualquer partido. Meu objetivo com ela é mostrar que a eterna guerra entre direita, centro e esquerda é apenas um dos modos de exercer e praticar poder e que temos um inimigo maior, e que não é o outro – o monstro – somos nós mesmos. E na palestra eu começo com algumas perguntas, sendo uma delas:

- "Quando inicia a vida"?

- E a resposta, após florear um pouco, é que a vida inicia quando nos damos conta.

A VIDA INICIA QUANDO NOS DAMOS CONTA

A vida do personagem de Tom Cruise (e de todos nós) começou quando ele se permitiu iniciar o caminho para aprender. Antes disso ele era um filhote de general, "se achando" o máximo, e sem enxergar em seus punhos as algemas da ilusão.

Quantos casais brigam porque um deles, ou os dois, mantém-se na certeza de que tudo o que pensa está certo, o modo correto das coisas é assim..., ofende-se com tudo o que for diferente dessas verdades acumuladas ao longo de anos..., e desse modo passa por cima daqueles que ama apenas pela mentalidade que criou durante a vida e não se vê motivado a mudar, melhorar, crescer. Quantas vezes é preciso morrer para desejar mudar e crescer?

A próxima pergunta que faço na palestra é:

- "Quem manda em você"?

- Assisti "No Limite do Amanhã" sozinho em um cinema perto da minha casa. Voltei caminhando e pensando em tudo aquilo. Dormi (morri). E acordei no dia seguinte como o próprio Tom Cruise, ainda atordoado e com as algemas prendendo meus braços.

Neste exato momento me dei conta de que todos nós somos personagens daquele filme e que Deus, no universo Dele, nos deu este poder. A cada acordar, a todo instante, decidir, escolher, aprender um pouco mais, crescer, evoluir. Olha que oportunidade acordar pela manhã, agradecer mais um dia, voltar à vida, mesmo que cheio de "monstros" lá fora, melhor, monstros muitas vezes são os melhores professores escolhidos por Deus para nos ensinar.

"Hoje é o primeiro dia de minha vida".

E da sua vida.

102 VOCÊ, CIÊNCIA E ESPIRITUALIDADE

Entende melhor essa frase agora?

Que atitude irá escolher a partir daqui?

Arrepender-se, morrer para as ilusões e acordar, em direção à eternidade. Você é o protagonista e o herói (a heroína) do melhor filme já produzido na Terra. Sua vida e das pessoas que você ama.

Você é capaz de progredir cada vez mais, "empurrar" alguém ao seu lado evitando que ele(a) morra esmagado por um helicóptero abatido pelo engano e pela mentira, encontrará outros heróis em sua história que "empurrarão você" evitando que se dilacere debaixo de outra ilusão que surge por detrás de um monte de areia "naquela praia".

VIVA, MORRA E REPITA até descobrir que você sempre irá vencer no final, e isso não é "coisa de filme".

Acabo de ler em uma mídia social (o que muitos fazem sem pensar) alguém repetindo a história do vaso quebrado que mesmo que você o conserte, ajeite, cole, ele nunca mais será o mesmo, portanto "cuidado".

Cuidado "digo eu"!

Não quero ser um vaso lindo e lustrado, sem nenhuma trinca, até o último dia de minha vida. O que foi este vaso durante toda a vida? Nada? Não sofreu nem uma mancha? Um filho de general escondido para não se machucar? Na ilusão de que é feliz? E morre de medo por detrás daquele brilho todo?

- SUPERCONSCIÊNCIA é a possibilidade que se abre para tornar você capaz de olhar a vida de modo diferente. E sempre há um modo melhor.

Algumas das minhas pacientes que foram submetidas a cesárea para o nascimento de seus filhos, apesar de ter dado tudo certo, e do melhor modo possível, reclamam da pequena cicatriz que passaram a "carregar" bem embaixo, na região do pube, em um lugar escondido. Sempre procuro fazer com que se deem conta que há outro modo de pensar (a vida inicia quando nos damos conta):

- Você deve se orgulhar dessa marca. Ela mostra sua capacidade de ter filhos, ela representa as portas do céu para a chegada desse anjo que hoje ainda é uma criança, sua criança. Repito, tenha orgulho da cicatriz.

A partir do nascimento inicia para a criança a formação da mentalidade dela (e uma grande oportunidade de melhora de conceitos para a mãe). SUPERCONSCIÊNCIA deseja demais criar reflexões capazes de auxiliar os pais a ajudarem nessa construção para o filho.

Com todos os desafios que surgirão para aquele serzinho empurrar e ser empurrado por soldados que lutarão a seu lado contra monstros, em todas as praias, campos e cidades do mundo. Que as marcas neste pequeno vaso quebrado brilhem mais que os melhores sonhos que você tenha para ele e para si mesmo.

Agora, exatamente de onde você está, pense que o amor da sua vida, a pessoa que você escolheu passar o resto dos seus dias ainda está em casa. Por um momento você imaginou e sentiu que o(a) havia perdido. Vocês brigaram ontem, por besteira, eu sei, sempre é assim, por mais que tenha parecido um motivo "importante". Porém, agora você irá mostrar o quanto ele(a) é importante para você. "Morra para as ilusões e acorde para a eternidade". Não percam um ao outro, mais uma vez, no final do dia. Seja feliz com quem escolheu "aprender a amar".

Agora, exatamente de onde você está, pense no seu trabalho, no que imaginou e sentiu na possibilidade de perder o emprego porque se irritou e respondeu com grosseria para o chefe, ou brigou com um colega. Você sabe "depois" que não deveria ter agido daquela maneira. O que fará a partir de agora?

- "Hoje não vou me irritar nem deixar para trás meu sonho".
- "Hoje passarei um pouco mais de tempo com meu filho".
- "Hoje inicio minhas caminhadas e atividades físicas".
- "Hoje vou atrás das minhas metas, realizar meus sonhos".
- "Hoje falo sobre sexo com minha filha amada".
- "Hoje reforçarei a minha relação de amor com minha esposa".
- "Hoje pedirei desculpas e agradecerei a meus pais".

Quer conhecer uma das piores frases para a sua felicidade?

- "Ah! Eu sou assim mesmo".

Eita! Está morto vivo, petrificado, inanimado...

Na verdade, morre de medo de mudar, melhorar, crescer...

Então, agora, pense e diga em voz alta (mesmo baixinho e em pensamento se ainda tiver medo e vergonhinha).

- Ok! Hoje eu faço as pazes com Deus!

E faço as pazes com a vida.

Capítulo **XVI**

Felicidade ou Contentamento?

A busca da felicidade é uma luta incessante para a humanidade. Muitos invadem livrarias à procura de títulos que possam mostrar onde ela está, ao mesmo tempo, que outros formam longas filas nas lotéricas, tentando a sorte, com a esperança de que dinheiro possa resolver esse dilema.

Claro que dinheiro é bom, não sejamos hipócritas, e ele de fato resolve problemas, porém, muitas vezes e sem uma maturidade adequada, é o gerador de ainda mais dificuldades.

O único caminho para se chegar ao razoável equilíbrio é por meio de uma construção neural que forme uma mentalidade capaz de pensar com eficiência e paz.

Entretanto, há aqui uma questão importante que quero trazer para você. A verdadeira felicidade será alcançada apenas quando entendermos melhor o significado da palavra contentamento.

Contentamento é uma satisfação interna (sua) que independe de fatores externos (do mundo e do outro). Satisfeito com algo é aquele que se sente bem com o que tem, com o que passa, com o que aparece pela frente. Mesmo com todos os problemas..., você está satisfeito. Tranquilo com suas coisas, seus dias, seus amigos, com a família..., com Deus.

Difere de felicidade, pois, nessa há alegria, porém, efêmera.

Você está feliz porque ganhou uma bicicleta de presente de Natal. Muito feliz. No momento seguinte se dá conta de que não pode usá--la naquele momento e fica triste.

106 VOCÊ, CIÊNCIA E ESPIRITUALIDADE

Um cérebro que não consegue "ver o futuro" e saber o quanto irá se divertir, logo na manhã seguinte, sentir no coração as aventuras que irá viver com a bicicleta... Chega o dia seguinte e você acorda logo pela manhã e feliz pega sua bicicleta que passou a noite na sala de casa, ainda embrulhada em parte, com o pacote de Natal. Você termina de desembrulhar e corre para a porta de casa sentindo uma grande alegria. Então, percebe a tremenda chuva que está caindo e volta frustrado dos seus sonhos.

Uma mentalidade que não é capaz de "ver no presente um passo positivo para o futuro" nunca será feliz de verdade.

Por todo o Programa tocamos na formação e estruturas em nosso cérebro, que nos permitem viver verdades. Porém, somos nós, com a nossa capacidade de aprender a pensar que comandamos os sentimentos.

Dei agora um exemplo simples de um presente que não pode ser usado na noite de Natal e num dia de chuva. São pequenas frustrações. Um exemplo próprio e normal em uma criança. Mas, e nos problemas graves, e como adultos..., será que muitas vezes não nos comportamos como crianças?

- Não estou afirmando que não vamos sofrer ou sentir dor com problemas, mas o que faremos com nossos pensamentos e consequentes sentimentos sobre os fatos da vida fará toda a diferença.

Não repetirei aqui minhas histórias de perdas ou mortes na família, amizades desfeitas, e como reagi, mas quero lembrar a você que sempre em minha mente surge a frase, a verdadeira "sentença", isso é, no verdadeiro significado desta palavra, a frase que sentencia, determina o que passa em meu coração:

"Ok! Senhor, o que quer de mim agora"?

O que farei?

- Farei o que Deus espera que eu escolha para melhor resolver qualquer situação, mesmo quando não houver solução.

Desculpe, mas é claro que não vou perguntar para Deus por que ganhei uma bicicleta e não posso usar. Porém, note, esse é um grande problema para uma criança. Então, fica claro que um "grande problema" na minha juventude pode ser um belo "quase nada" quando adulto. Já um problema quando adulto, muitas vezes se torna tolo na velhice (essa, cheia de dificuldades que devem ser tratadas com um sorriso nos lábios, mesmo com dores pelo corpo e muitas limitações).

Sendo assim, que tal elevar ao grau de "quase nada" todo problema que surgir?

- O que quero dizer com tudo isso?

- Confie! E aprenda a estar satisfeito..., contente..., feliz.

Confie em Deus, em você, em suas histórias e nas lições que tira com elas. Confie no propósito da vida e nos aprendizados.

Ontem mesmo fui com minha esposa até a praia, há 100 quilômetros da minha cidade, para resolver uma série de "coisas". Sabe quantas eu consegui "resolver"? Nenhuma. Deu tudo "errado". Que chato, perdi tempo, poderia estar escrevendo aqui meu livro, que está para terminar, ou adiantar mais uma palestra importante que estou preparando, ou... uma lista de outras coisas. Agora terei que voltar outro dia, perdi tempo, dinheiro, combustível... (aumente a lista como quiser). Fato! Normal reclamar.

Normal nada, comum. Porém, eu e minha esposa conversamos bastante na viagem, coisa que as tarefas do dia não permitem, ao menos não com a boa energia que vivemos nessa viagem; pudemos ainda olhar a linda vista do mar em uma bela manhã..., bem, antes que começasse a chover e não parasse mais, fomos a um belo restaurante e a comida estava maravilhosa, refizemos planos, sonhos...

O que é melhor?

- Reclamar que não podemos usar já o presente de Natal, a bicicleta, quando criança ou a viagem frustrada quando adultos ou agradecer a Deus e ao universo todas as oportunidades da vida e viver CONTENTE e com um sorriso nos lábios, aprendendo a olhar (e buscar) sempre o lado bom das coisas?

Combinamos ainda que, como perdemos a viagem", ao menos daquilo que nos programamos para resolver, e é verdade, perdemos, iríamos retornar mais cedo e ainda "pegar um cinema".

Metade da viagem, congestionamento, mais chuva, quase uma hora a mais parados na estrada. Perdemos o cinema.

108 VOCÊ, CIÊNCIA E ESPIRITUALIDADE

Mais uma lista de reclamações?

- Não! Mais uma dúzia de agradecimentos pelo dia, enquanto seguíamos na fila de carros, noite adentro. Que bom, diz minha esposa, está devagar, mas a fila está andando. Visão otimista, contente, feliz.

Mas, o que faz você pensar assim?

- Só confiança não basta, não devemos ser tolos e as "coisas" podem ser bastante complicadas, ninguém quer isso, mesmo alguém "contente".

Este último livro deste Programa que venho construindo desde 2003, mais precisamente agosto de 2003, quer mostrar para você que existe algo mais em nossa estrutura cerebral (neural), aliás, fora dela, mas que um cérebro bem direcionado pode "enxergar" e alcançar:

- A sua fé (que está tudo bem, mesmo quando não parece).

"Foi sua fé que te salvou".

E assim sempre dizia Jesus após um milagre realizado.

Alguém buscava Deus e encontrava. Uma grande sacada para a vida é buscar Deus. O que é muito bom, Ele está sempre com a gente, nós é que vamos na lotérica atrás da felicidade.

Curioso isso, a felicidade está bem aí com você, com seu pensamento, sua mente formada no contentamento, em olhar para o lado certo, a melhor maneira de ver as coisas.

Este pensamento é o treinamento que se deve deixar claro para si mesmo e para um filho, desde a infância até a velhice. Atente, primeiro eu devo conhecer, apreender e treinar. Como poderei ensinar a um filho o que não sei? Como facilitar a vida, como ser feliz (e contente)?

Então, chega um momento na vida que o encantamento da felicidade se concentra em uma ação:

- No ato de servir.

A emoção do servir, sentir-se útil, grato e, por que não, importante.

Importante para o marido, esposa, filhos, pais, amigos... Vai, que a lista é grande. Tão grande quanto você. Independentemente de qualquer coisa, capacidade financeira, física..., idade..., você importa para Deus.

Se obedecerem e servirem a Deus, serão prósperos até o fim dos seus dias e terão CONTENTAMENTO nos anos que lhes restam.

Jó 36:11

Muito bem!

Mas, o que pode afastar você desse caminho e pensamento?

- A nossa vulnerabilidade.

Nossas fraquezas diante das estruturas cerebrais construídas para nos dar prazer. A função delas é ótima, mostrar para todos nós e fazer com que nos aproximemos do que nos fará bem e afastar o que trará mal. Biologia do bem. No entanto, nossos pensamentos ainda em evolução confundem e se atrapalham quando ainda não temos comando do lobo frontal, enquanto não nos sentarmos no *cockpit* e com as mãos firmes no manche, acertarmos nossas escolhas. Aprender a dizer não.

Verdade, não é hora de comer esse bolo, chega, já estou satisfeito (e contente). Certo, controle sobre a decisão de comer ou não mais um pedaço de torta só será prejudicial se isso acontecer todos os dias. Mas, e comprar um carro, um lindo, poderoso e caro item (desnecessário) que reluz em meus olhos naquela loja, bem na esquina da minha casa.

Tentação!

Precisamos detectar momentos de fragilidade que enchem nossa cabeça com pensamentos e ideias. Que carro, heim? Nossa! "Verdade". Lindo. E ouça o motor... Uau. Pensado, pensando..., melhor, não pensando e...

- "Ah! Minha família pode esperar mais um pouco". E lá se vai o dinheiro que a esposa e os filhos tanto precisavam para cobrir necessidades reais. Perdas no sonho do rapaz imaturo que passou a "ter certeza" de que precisava trocar de carro. E assim andam as filas de financiamentos bancários, cheios de "eu preciso, posso até morrer se não comprar...".

Mas não se basta em "coisas materiais", as necessidades emocionais, as carências são muitas para sentir-se falsamente importante:

- Seu casamento sempre foi bem, razoável, com altos e baixos, como tudo deve ser neste mundo de aprendizados. Até que um dia há uma briga maior. Suas emoções estão sem defesas, você se sente desamparado(a). Assustado(a), pega o elevador para sair e dar uma volta, espairecer, tentar colocar "a cabeça no lugar". Mas, antes que os neurônios do bem acordem novamente, logo ao sair do elevador, lá está a(o) vizinha(o) retirando do carro as sacolas do supermercado. Ela(e) tem dificuldades, pois, machucou o braço e está com uma faixa quase soltando e certamente não irá conseguir sem ajuda (o diabo é *expert* em criar essas situações). Você se aproxima e oferece a tal ajuda. Sobem o elevador carregando as compras para o apartamento dela(e). Então surge o pensamento, a tristeza pela briga com o amor da sua vida, e logo em seguida a observação:

- "Nossa! Nunca havia notado, como a(o) vizinha(o) está linda(o)". E chegam no apartamento, e em gratidão aceita o convite para o café e...

Ficou feia a escrita com (o) (a)..., mas é real, pode acontecer com qualquer um de nós. Momento da FRAGILIDADE, as emoções assumem comando e o lobo frontal "dormiu em serviço".

Como pagar as contas, agora que comprei o carro que de fato nem precisava? Como justificar o que estou fazendo no apartamento da(o) vizinha(o)?

Ah! Quer saber?

- Ninguém vai perceber o desvio do dinheiro que farei na empresa, o "assalto" às economias dos meus pais idosos, que guardaram por toda a vida para a segurança futura.

E sua "maldade" responde:

- "Ah! Ia ficar para mim mesmo!".

- Ah! Quer saber?

- Ninguém vai descobrir que estou aqui com a vizinha (o vizinho).

E lá se vai a sua paz, a felicidade, por apenas um momento de "alegria e prazer" ..., para cobrir uma falta, um momento de VULNE-RABILIDADE.

Lembre-se, importante, estar vulnerável é estar fraco, manter-se vulnerável é SER fraco. A cura?

- Maturidade.

Ninguém consegue impedir um pensamento; ninguém consegue impedir a si mesmo de admirar e até desejar um carro novo, ou sinta certas emoções ao ver à sua frente alguém bonito, atraente. Mas, você pode (e deve) controlar seus impulsos primitivos (a não ser que você seja bem primitivo). Na verdade, o primitivo estará sempre em nós, em nossa animalidade, e é exatamente aqui que chega o dia em que você tem a chance de se tornar adulto. É PRECISO SE TORNAR ADULTO.

Atente, não escrevi se torna humano, porque uma criança é humana e não consegue não desejar "as coisas próprias do mundinho dela". O que falta então (em nós e na criança)? MATURIDADE.

E aqui vem o grande poder quando somos testados na VULNE-RABILIDADE. Portanto, é preciso se antecipar aos momentos de fragilidade, vencer a sensação de necessidade e... perdoar-se quando não conseguir.

Será que estamos preparados para dizer não?

- Só saberemos quando passarmos pelo desafio.

Apaixone-se cada vez mais por você e observe o que acontecerá em sua vida.

Sim, admire o carro na loja da esquina, sorria e siga adiante, pois seus desejos, expectativas e valores hoje são outros, você cresceu,

Sim, admire a beleza das pessoas que passam por seus dias, não é porque eu casei e amo minha esposa, admiro a inteligência e a beleza dela, que as pessoas bonitas e atraentes deixaram de existir no mundo. Contudo, o poder de estar no comando de si mesmo é o que traz a maior felicidade.

Eu me desentendo com minha esposa. Às vezes até falo coisas que não devo..., e também ouço. Somos humanos, falhos e pecadores. Erramos. O que vale é o que faremos com o que pensamos e sentimos?

- Peça desculpas ao outro, a si mesmo e a Deus e... siga CON-TENTE pela vida.

Capítulo XVII

O QUE NÃO CONSEGUIMOS ENXERGAR?

Não conseguimos, não queremos ou nem temos ideia de que precisamos enxergar?

Existe na cidade de Recife, capital de Pernambuco, placas espalhadas pela praia comunicando o risco de ataques de tubarão. E mesmo assim, todos os anos seguem morrendo pessoas.

Não conseguiram ler o aviso de modo correto ou nem leram até o fim e, desse modo, "pularam" a palavra tubarão? Não querem aceitar o aviso ou nem têm ideia o que é um tubarão na água e suas pernas balançando na frente dele?

Verdade, alguns gostam do risco.

E muitas vezes perdem.

O que leva alguém a "não conseguir" ver ou mesmo não acreditar nos "sinais", às vezes claros sinais?

- Ilusão, medo, preconceito, descrença..., imaturidade. Eu acredito que esta última opção é a chave para todas as outras.

Estamos no último livro do Programa SUPERCONSCIÊNCIA, quase o último tema e o penúltimo capítulo. Passa da hora de lutarmos por nossa maturidade (e nossas próprias pernas).

Encontramos o amor da nossa vida e não enxergamos os sinais de que teremos problemas...; ficamos entusiasmados com um novo colega de trabalho e apenas mais tarde descobrimos as dificuldades que ele traz com uma personalidade difícil; nos encantamos com um

O QUE NÃO CONSEGUIMOS ENXERGAR? **113**

político de promessas e não vemos as pessoas que o cercam e as falhas de caráter que o conduzem. São milhares de exemplos.

Acredite, na maioria das vezes "enxergamos a palavra tubarão", mas nossa imaturidade (ninguém no comando da nossa mente, um *cockpit* vazio no lobo frontal) faz com que se acelerem os centros cerebrais de prazer e recompensa e torna-se maior a vontade infantil de pular na água e brincar nas ondas; viver aquele amor e brincar de ser aceito; ter como colega um cara legal e brincar de trabalhar; eleger um político corrupto e brincar de acreditar que temos um líder...

POR QUE EU NÃO PENSEI NISSO ANTES?

"A vida pode machucar muito, mas os problemas nunca serão capazes de alcançar minha força e comando".

O poder do pensamento direcionado e a SUPERCONSCIÊNCIA dele consequente ajudam muito. Você a essa altura, após tantas reflexões, já sabe:

- Feridas são grandes professores e desde o primeiro momento em que elas começam a aparecer acontece "a aula".

Pensa comigo:

- Onde não podemos ser atingidos e devemos proteger nossa mente com toda nossa intenção e vontade?

- Força e comando. Nosso *cockpit* central, onde nos sentamos e assumimos o controle de pensamentos e emoções.

Certa vez chegou uma moça em meu consultório médico. Ela estava grávida e queria muito ver logo o nenê ao ultrassom. Iniciei o exame e, como sempre, passo com o transdutor por todo o corpinho da criança para certificar a normalidade daquela maravilhosa estrutura humana.

Não houve jeito, naquele momento estava tudo certo, mas, não identifiquei as mãos. Durante o desenvolvimento daquele embrião ele, por algum motivo, não formou as mãos. A gestante estava radiante, marido com ar de vitorioso, verdade, enxergamos o nosso DNA ali na tela do ultrassom, a nossa estrutura genética seguindo adiante e levando algo de nós pelo caminho do universo. A gravidez é uma vitória dos pais, prova de qualidade humana (para toda a tribo).

114 VOCÊ, CIÊNCIA E ESPIRITUALIDADE

No começo da minha profissão, informar aos pais, para a família, uma perda fetal, uma malformação era muito difícil. Com o tempo a gente se acostuma. Mentira! Eu nunca me acostumei, fiquei talvez apenas um pouco mais forte para passar por essas situações.

Informei ao casal que nem tudo estava bem, a falta das mãos era realidade. Claro que a reação dos dois foi intensa e esperada. Imediatamente passei a mostrar que ali estava uma linda menina e com todos os órgãos e estruturas absolutamente normais e que...

Fui interrompido pela mãe que imediatamente pediu para abortar aquela gestação, afinal, ela sempre enxergou a vida com a presença e a convivência com "um filho normal".

Parei de falar por um minuto e disse que compreendia aquela dor no momento, mas a criança era absolutamente normal, apenas eu não via as mãos, o restante do corpo estava perfeito.

Não me interessa o resto, seguiu a mãe e acompanhada nesse pensamento pelo pai. Queremos um filho inteiro.

Eles foram embora sem que eu conseguisse qualquer resposta melhor por parte deles, pedi para que pensassem um pouco mais. Não retornaram, não sei o que aconteceu com aquela criança. Orei por ela e pelos pais.

A realidade:

Eles (e muitos de nós) só enxergamos o que não existe e deixamos toda uma realidade (a verdade) de lado, cegos para a maravilha que está à nossa frente.

Enxergamos os defeitos dos outros e não as qualidades; enxergamos o risco no carro novo e não comemoramos o incrível presente que acabamos de comprar; não elogiamos o prato de comida feito pela primeira vez por nossos filhos, mas reclamamos da bagunça que ficou na cozinha... Posso encher você com milhares de exemplos. O que importa é ENXERGAR quando fazemos isso (e parar de agir como idiotas imaturos, sofrendo e fazendo tanta gente sofrer).

> **POR QUE OLHAMOS PARA O QUE NÃO EXISTE
> E DEIXAMOS DE VER O QUE PRECISAMOS VER?"**

- "Ah! Doutor! Mas um filho malformado é por demais dolorido". Sim, eu sei, compreendo. No entanto, julgá-lo pelo que falta, escolher algo ou alguém pelo que não pode me dar é negar a Deus, seu amor por nós. É perder a oportunidade de entender a eternidade nas coisas. É não enxergar a vida como ela merece ser vista e "aproveitada" em todas as suas lições. Se só vemos os defeitos no marido, na esposa, em nossos pais..., há algo de muito errado em nós que precisa ser corrigido imediatamente.

PEÇA AJUDA!

É urgente entender os processos de evolução em cada um e soltar as amarras (do medo) que nos prendem a nossas certezas infantis.

Também existe o que de fato enxergamos – desde a falta das mãos em um filho a algo ridículo em alguém – mas, podemos escolher o que pensar, conhecer e sentir sobre isso.

Um senhor estava parado na frente da casa dele usando um chapéu bem esquisito. Havia um avião de brinquedo sobre o chapéu e uma cabeleira bem estranha saindo por trás. E lá estava aquele homem de bastante idade. Alguns passavam e sorriam, outros acenavam e faziam sinais de que ele era maluco. Um gritou para ele tratar o Alzheimer. E ele seguia com um sorriso nos lábios que era de dar inveja. Louco!

Até que para um carro e dele sai, ainda com dificuldade, um menino com aproximadamente dez anos de idade. Ainda tinha uma faixa grande na cabeça. Era o neto daquele senhor.

Havia deixado o hospital naquele dia, após sete meses em uma unidade de terapia intensiva, beirando à morte por diversas vezes. Um crânio ferido após um grave acidente de carro que matou os pais, um deles a filha amada daquele senhor.

Ele vestiu o chapéu com o aviãozinho que brincava com o neto e a peruca que entregava aos dois momentos de muita diversão, exatamente no dia do acidente. O que os outros pensariam dele no portão daquela casa não importava para aquele homem, apenas alegrar um pouco os olhos do neto, naquele tão esperado retorno.

Podemos criticar as pessoas que zombavam, podemos... Mas, aquele velho senhor já enxergava também outro fato fundamental para todos nós:

116 VOCÊ, CIÊNCIA E ESPIRITUALIDADE

- Não fomos preparados para sequer pensar o que há por trás de um senhor parado à frente de casa com um chapéu ridículo. Precisamos ter paciência e tolerância para com as pessoas que ainda estão em anos iniciais da escola da vida.

Eu, como médico e como humano, preciso compreender aquele casal que só aceitaria "um filho inteiro". Aquela gravidez faz parte de uma lição da vida que pela dor eles precisavam passar para crescer. A velocidade desse crescimento depende de permitirmos aceitar e compreender o que passamos. Cabe a nós ajudar nessa hora, tentar mostrar outros "pontos de vista", outras histórias, outros pensamentos. Isto é SUPERCONSCIÊNCIA/FAMÍLIA DO FUTURO. Acreditar, compreender, ressignificar e fazer novas escolhas. Resta a nós aprendermos a lição e saber que não se trata de castigo ou questões de merecimento.

Além de não enxergarmos o que há por trás das histórias, muitas vezes vemos ("lemos") errado o que está bem à frente dos seus olhos. Até pessoas preparadas, como cientistas e pesquisadores, caem nessa armadilha da mente – dos pensamentos e emoções.

Na segunda grande guerra, muitos aviões bombardeiros foram lançados para o *front* inimigo. Levavam corajosos tripulantes e infelizmente muitos não voltavam à base. Eram abatidos em missão.

Alguns retornavam cheios de buracos de balas na fuselagem, o que levou à ideia genial de fazer um cálculo estatístico de onde estavam as balas e reforçar a estrutura do avião nessas áreas. É lógico, disse um oficial pesquisador, não podemos reforçar todo o avião, com o excesso de peso ele perderia em tempo de voo e talvez nem voasse, mas podemos reforçar onde mais são atingidos.

Estudos foram realizados e concluíram que um percentual dos buracos estava na cauda, a maioria deles no corpo do avião, alguns nas asas, motor e parte da frente, embaixo, e um pequeno número de buracos na cabine.

Ótimo disse o responsável pelos estudos. Vamos reforçar onde há mais buracos, o corpo do avião, e assim protegeremos a missão. Foi quando um matemático da equipe disse:

- "Reforçar onde há maior número de buracos é um erro. Notem. Os aviões com mais buracos na fuselagem retornaram todos, o que mostra que aguentaram bem esses impactos. Os que não voltaram é porque as balas atingiram a cabine de pilotos. Olhem bem para este avião à nossa frente, apenas dois buracos na fuselagem, na altura do piloto, por isso está aqui. Por outro lado, o avião mais atingido nesta área não conseguiu retornar.

A lógica muitas vezes é "mais lógica quando olhamos com mais cuidado e inteligência. As maiores brigas entre casais, pais e filhos, amigos, as maiores delas eram precedidas da frase "É lógico".

É lógico que você deveria...

É lógico, aquele senhor com aquele chapéu só pode ser louco.

É lógico, doutor, se minha filha não tem as mãos... então...

O que não conseguimos enxergar?

- Precisamos muito de SUPERCONSCIÊNCIA.

- Muito amor.

- Precisamos muito de Deus.

Capítulo **XVIII**

NA DIREÇÃO DA ETERNIDADE?

Além de você, eu, o outro..., o que mais Deus criou com aquele pó formado no início do universo?

- Somos todos os elementos físicos, químicos, energéticos e espirituais organizados. A vida surge nos lugares mais inesperados para nós (quando mantemos a visão limitada). Há muita riqueza mal explorada nas areias do deserto, muita cor nas profundezas (escuras) do mar..., (para além do que nos permitimos enxergar).

A força da gravidade nos aproximou, sofremos atração, depois cooperação para sobreviver, e uma gigante ordem do amor. Somos anjos uns dos outros.

Mas..., o que nos faz permanecer unidos?

- Laminina é uma glicoproteína que mantém todas as nossas células aderidas umas às outras e, desse modo, permite a vida como a conhecemos. Faz parte da estrutura da parede de nossas células. Seu formato na microscopia eletrônica encantou o mais ateu dos cientistas, na primeira vez que foi vista.

Eu sei, eu sei, nas palestras que faço, principalmente nas escolas, deixo claro que o que vou contar neste momento não é proselitismo religioso, apenas um modo poético de enxergar o que nos une, a química, a física, a energia e o espírito em nossas vidas. Essa glicoproteína assumiu o aspecto perfeito da cruz do Cristo. Símbolo, mito, o sagrado..., a marca da justiça, amor e partilha presente em cada célula do nosso corpo, em todos nós. Lembre-se, elementos postos de todas as religiões.

Existe um futuro à nossa frente e para mim pouco importa a religião que você pratica, você é a matéria e a energia unida e sonhada por Deus, o Grande Espírito, organizada pelo universo Dele; você é obra perfeita e desenhada "para dar certo". Entenda definitivamente, e aceite, o "está tudo certo sempre".

E o poder para ser feliz, sentir-se feliz, contente, está nas escolhas que fará para a vida.

O que quer enxergar?

- Jesus amava lavar nossos olhos.

Pratique Deus com todo o seu coração, com a ciência possível, por todo caminho, em direção à eternidade.

E neste caminho, pratique a família, a esposa, o marido, filhos...; pratique o outro – até aquele tio chato, às vezes inconveniente (ele está no processo dele); pratique as amizades, cada um com seus sonhos e dificuldades; pratique o outro, sempre com amor e compreensão; e, por fim, pratique a si mesmo.

Se você não se posicionar na posição de aprendiz, se você não procurar o caminho melhor para todos os relacionamentos e expectativas concretas para a vida, não valeu uma palavra sequer que usei nos oito livros, vídeos, palestras..., desse Programa. Ele foi feito todo para você.

Quero te contar por que isso é verdade:

Minha filha só estará bem no futuro se lá encontrar seus filhos muito bem. Para que assim ela ajude a quem precisar e que seus filhos, também com caráter bem marcado e SUPERCONSCIÊNCIA treinada, possam suportá-la todos os dias que ela sentir dor.

Este Programa é um caminho novo para nossos filhos.

Deus abençoe sua vida.

Posfácio

Construir este Programa foi uma grande aventura. Até porque toda a minha vida está nele. As muitas dificuldades que passei me ajudaram a escrever cada página destes oito livros.

Certo dia estava dirigindo literalmente sem rumo por minha cidade enquanto pensava que eu não servia para nada. Posso sentir hoje a dor que vivia naquele dia. Contudo, não me parecia tristeza, mas um vazio. O mundo passava lá fora e a minha autoestima havia chegado ao mais baixo valor. Não recordo o mês, mas era o ano de 1981, eu estava com vinte e um anos de idade.

Subitamente, enquanto pensava nas minhas certezas, de que não fazia nada direito, não sabia nada, nada me trazia paz, olhei para a direção do meu carro e me dei conta de que eu dirigia muito bem. Lembrei que bem pequenininho, em um parque de diversões, era o único que conduzia um daqueles minicarros, sem me acidentar. Eu rodava várias voltas do percurso sem bater em nada, sem me atrapalhar, enquanto as outras crianças transformavam aquele percurso em uma praça de acidentes e trapalhadas.

Enquanto aquelas coisas passavam por minha mente senti forte em meu coração que eu precisava de ajuda.

Dirigi meu carro (mais uma vez sem bater) até o hospital onde meu pai trabalhava como médico. Fui até o consultório dele e, assim que saiu uma paciente, entrei. E disse:

- "Pai! Eu não estou bem. Preciso de ajuda"!

Minha tristeza (vazio) havia chegado a um limite insuportável e eu não sabia mais o que fazer.

Contudo, essa foi uma atitude que mudou tudo. Melhor colocando, foi o início, a centelha para uma nova vida.

- "Pai! Eu preciso de ajuda".

POSFÁCIO **121**

Meu pai pegou o cartão com o telefone de um psiquiatra, estendeu a mão para mim e disse:

- "Vá atrás das suas respostas".

Ele tinha razão no que disse, precisamos aprender a pensar e muitas vezes pedir ajuda para pensar melhor, pensar bem, pensar mais... E precisamos "ir atrás". Levantar, andar, buscar...

Marquei hora e no dia estava eu lá, parado, sentado em uma sala de espera sem fazer ideia do que iria acontecer.

Uma consulta, duas...

Ele dizia seguir uma linha psicanalista, no entanto não havia divã e nem era eu só que falava. Conversávamos. Ele perguntava algumas coisas, eu respondia, contava sobre a minha vida...

Até que um dia ele pegou um brinquedo de palitos longos e espalhou todos sobre a mesa. Imagine um jogo no qual você vai montando palitos uns sobre os outros, com diversos ângulos, posições, cujo objetivo será alcançar a maior altura possível e sem que a estrutura caia, desmonte, pereça. Ela precisa se manter firme.

Interessante, à medida que você vai posicionando os palitos, percebe ela ficar instável e VOCÊ tem a possibilidade de corrigir. Puxa um palito um pouco para cá, introduz no jogo outro, um pouco para lá... Fato! Você comanda toda a construção da estrutura..., percebe os acertos e corrige seus erros à medida que avança (na vida). Cuida, vigia e ora.

Enquanto eu tentava "crescer" no jogo num determinado momento ele me disse exatamente assim:

- "A vida é como esse jogo, você segue respirando, acertando, errando, corrigindo, no entanto, você é o comandante das escolhas que faz e o único responsável pelas consequências".

Não adianta colocar a culpa nos outros.

Isso ele não falou, eu é que acrescento aqui hoje.

Eu me mantive quieto, olhando para aquela confusão "na minha mesa", mas meu cérebro não parava de pensar que EU ERA O COMANDANTE de tudo o que passava e sentia.

Foram seis meses de consultas. Até que um dia eu disse para ele que me fazia bem chegar lá, conversar, eu estava melhor, porém, ia

122 VOCÊ, CIÊNCIA E ESPIRITUALIDADE

todos os dias e contava as histórias daquela semana. Mudavam os personagens, os fatos, mas a história em si apenas continuava em um sem parar de acontecimentos. E eu me sentia confortável, contudo, era hora de experimentar sozinho "colocar e retirar os palitos", a cada dia.

Agradeci e fui embora.

Até hoje sigo montando a estrutura, observo, corrijo, acerto, erro, cada vez menos, porque a vida é muito disso: Um TREINO das escolhas que fazemos o tempo todo. Causas e consequências apenas minhas.

Para sair do meu vazio precisei enxergar que sou o responsável por minhas escolhas (onde pôr e tirar palitos).

Não pense que encontrei um caminho fácil, tranquilo. Muitas vezes minhas ações e escolhas fizeram cair toda a estrutura, outras tantas vezes voltei a pedir ajuda. Como fazer isso?

- Simples! Quando surgia dificuldade para pensar, compreender algumas coisas, simples:

- Toc, Toc, Toc... (já contei isso alguns livros atrás):

- "Seu psicólogo, me ajuda a pensar"?

Duas, três sessões eram (é) suficiente(s) para "colocar alguns palitos no lugar". Se você se predispor a tal.

Porém, atente, eu reposicionava os palitos, com algumas falas do terapeuta. Às vezes eu percebia que nem ele tinha tempo suficiente para entender bem a minha questão (claro, a complexidade da vida era minha, só precisava de um empurrão).

Por que conto isso para você agora?

- MUITAS PESSOAS NÃO PROCURAM AJUDA

- Seguem afogadas em certezas, vazios..., e mais certezas, e mais vazios..., dor, angústias, gerando tristezas em si mesmas e "no outro", algumas vezes alegrinhas com superficialidades que a vida é capaz de oferecer, porém, NUNCA largam da "bóinha"? na qual estão agarradas para não afundar ainda mais e NUNCA estendem a mão para serem retiradas da correnteza pelo bombeiro (de Deus). Não sabem que existe um caminho.

Desde meus quinze anos aprendi a caminhar de mãos dadas com Jesus. Um ritual, um símbolo que encontrei para me sentir um pouco melhor e enfrentar as agonias que já sentia naquela época.

Se contei aqui que com vinte e um anos eu estava tão mal você pode pensar que de nada adiantou (caminhar com Jesus). Mas, hoje eu consigo compreender que a vida é um processo..., cada um responsável pelas escolhas. Jesus apenas segue ao nosso lado, como uma oportunidade de aprendizado e crescimento. Ele permanece disponível, mas não vai até você para ajudá-lo a se levantar. VOCÊ PERCISA USAR SUA PRÓPRIA ENERGIA E INTENÇÃO. E após seu movimento Ele sempre dizia e ainda diz:

- "A sua fé o salvou".

Fui pedir a um terapeuta ajuda para EU PENSAR. É a minha fé em mim mesmo que me salva. E a fé na companhia do Pai.

Meu pai terreno, lá atrás, mesmo com toda a ausência dele, estava pronto para me ajudar sempre que precisei. E meu Pai Maior, sempre ali, aqui, lá..., olhando por nossos caminhos.

A vida é um processo no qual é preciso "levantar e andar", agradecer e não pecar mais.

Hoje, estou aqui com sessenta e dois anos de uma construção maravilhosa. Por que é perfeita?

- Não! Mas, porque única e é minha.

Assim como a sua.

Hoje consigo compreender que tudo o que passei, sofri, fez parte da construção dessa estrutura e que só posso agradecer a Deus.

Pretendo viver ao menos mais quarenta anos, cuido para isso, principalmente para aproveitar ao máximo a companhia da minha esposa e filha. E procurar preparar, principalmente a menor, para o melhor e o pior. Ensinar o jogo de palitos longos e o cuidado que sempre precisamos ter, com a gente e com o outro. Pedir ajuda sempre. Agradecer.

Eu poderia ter ficado lá atrás, segurando uma bóinha..., e seguir vagando sem rumo pela cidade. Ia perder toda uma vida de aventuras, essa que me permitiu escrever estes livros, o Programa SUPERCONSCIÊNCIA/FAMÍLIA DO FUTURO, feito para inspirar você (e eu), a vivermos todos em um mundo melhor.

124 VOCÊ, CIÊNCIA E ESPIRITUALIDADE

Sou egoísta.

Sou egoísta querendo ajudar você, leitor(a), porque passei a acreditar que só posso ajudar a minha filha ajudando você e seus filhos. Afinal, adultos preparados, é tudo o que desejo que a minha filha encontre no futuro.

Lembre-se que Deus age por nós, e exatamente por isso Ele espera para que cada um seja responsável pela posição dos palitos sobre a própria mesa.

O propósito do Programa SUPERCONSCIÊNCIA/FAMÍLIA DO FUTURO é exatamente este: Ajudar você a refletir, estimular cada um na busca de respostas e festejar com todas as soluções que você encontrar.

Que Deus esteja feliz com o nosso esforço por um mundo melhor.

José Jacyr Leal Jr.

BIBLIOGRAFIA

Fernão Capelo Gaivota – Rchard Bach

O Futuro de Deus – Deepak Chopra

Sobre Amor e Relacionamentos – Deepak Chopra

Ponto de Mutação – Deepak Chopra

A Fonte da Feliciadade Duradoura – Deepak Chopra

A Bíblia em 99 Minutos

Uma Breve História do Cristianismo – Geoffrey Blainey

Manual da História da Igreja e do Pensamento Cristão – Jorge Pinheiro e Marcelo Santos

Uma História Politicamente Incorreta da Bíblia – Robert J. Hutchinson

A Bíblia – A História de Deus e de Todos Nós – Roma Downey e Mark Burnett

Como Tudo Começou – Adauto Lourenço

Escatologia da Pessoa – Vida Morte e Ressurreição – Renold J. Blank

A Teologia Evangélica Contextual – Sidney Sanches

Madre Teresa, CEO – Ruma Bose e Lou Faust

O Mestre dos Mestres – Augusto Cury

Os Segredos do Pai Nosso – Augusto Cury

Jesus O Maior Líder que Já Existiu – Laurie Beth Jones

Jesus O Maior Psicólogo que Já Existiu – Mark W. Baker

Jesus O Maior de Todos – Charles R. Swindoll

Shamanic Christianity – Bradford Keeney

Cartas Xamânicas – Jamie Sams e David Carsom

História do Cristianismo – Paul Johson

O Poder da Inteligência Espiritual – Tony Buzan

20 Passos para a Paz Interior – Pe. Reginaldo Manzotti

As Cinco Pessoas que Você Encontra no Céu – Mith Albom

A Última Grande Lição – Mitth Albom

Por Mais Um Dia – Mirch Albon

126 VOCÊ, CIÊNCIA E ESPIRITUALIDADE

A Viagem de Théo – Catherine Clément

O Poder do Agora – Eckhart Tolle

Um Novo Mundo – O Despertar de Uma Nova Consciência – Eckhart Tolle

Fazei-me Instrumento de Vossa Paz – Kent Nerbun

Como se Deus não existisse – Eliézer Magalhães

40 Dias de Celebração – Marcílio de Oliveira e Igor Pohl Baumann

Palavra de Homem – Pr. Antônio Nasser

31 Hábitos – Antônio Nasser

Os Encontros de Jesus – Paschoal Piragine Jr.

Os Contrastes da Vida – Paulo David

Igrejas Saudáveis – Elias Dantas Ph.D.

O Imensurável Amor de Deus – Floyd Mc Clung Jr

Homens de Poder – Jim Hohnberger

Os Analectos – Confúcio

Por que Não Sou Cristão – Bertrand Russell

The Gospel According To Jesus Christ

Um Curso em Milagres – Foundation For Inner Peace

Médico de Homens e de Almas – Taylor Caldwell

A Semente de Deus – César Romão

Buda – O Mito e a Realidade – Heródoto Brabeiro

Budismo Significados Profundos – Hsing Yün

Evangelho e Saúde – Wilson Lpoes e Mônica Magnavita

O Ideal Absoluto e Sua Conquista – Althair Costa Souza

O Homem Que Falava com Espíritos – Luis Eduardo de Souza

Anjo Como Mestre Interior – Jean-Yves Leloup

Zelota – A Vida na Época de Jesus de Nazaré – Reza Aslan

O Evangelho Reunido – Juanribe Pagliarin

Líderes e Obreiros – David Horton

Jesus Cristo Segundo Alcorão Sagrado

Jesus – Os Segredos do Homem Mais Extraordinário da História – Steven K. Scott

O Que Jesus Disse? O Que Jesus Não Disse? – Bart D. Ehrman

Guia Fácil Para Entender a vida de Jesus – Robert C. Girard e Larry Richards

Os Evangelhos Gnósticos – Elaine Pagel

BIBLIOGRAFIA **127**

A Casa das Chaves – Wilson Frungilo Júnior

Gestação Parto, e Maternidade – Uma Visão Holística – Emerson de Godoi Cordeiro Machado

A Razão da Vida – Cesar Romão

Paranormalidade para Todos – Pedro A. Grisa

Depois da Religião – Luc Ferry e Marcel Gauchet

Partícula de Deus – Scott Adams

Islan e Islamismo – Roberto Cattani

A Trajetória do Ser Humano na Terra – Benedicto Ismael Camargo Dutra

Crianças Índigo – Ingrid Cañete

Você Não Está Aqui Por Acaso – Rick Warren

Um Retorno ao Amor – Marianne Williamson

O Fim da Religião e o Renascimento da Espiritualidade – Joseph Chilton Pearce

Como Jesus se Tornou Deus – Bart D. Ehrman

Breve Currículo

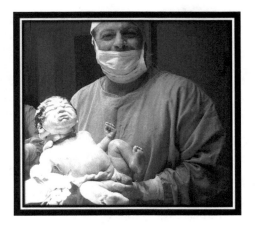

Todos os dias vejo nascer um "Ser Humano". Com o nosso apoio, será um cidadão Extraordinário!

ATIVIDADES SOCIOPARTICIPATIVAS:
Associação Médica do Paraná – AMP.
Delegado da Associação Médica Brasileira.
Federação Brasileira de Ginecologia e Obstetrícia – FEBRASGO.
Sociedade Paranaense de Ginecologia e Obstetrícia do Paraná – SOGIPA.
Médico do Corpo Clínico Hospital Santa Cruz e Hospital Santa Brígida.

PÓS-GRADUAÇÃO (além das especialidades médicas).
- Psicomotricidade Relacional – CIAR.
- Nutrologia – ABRAN.

CURSOS:
- Obstetrícia em Gestação de Alto Risco Hospital La Fé – Valência – Espanha.

- Terapia Familiar Sistêmica – CTI.
- Neurolinguística – OTP.
- Emotologia – CC.
- Qualidade de Vida – PUC-PR.
- Medicina da Longevidade – GLS.

José Jacyr Leal Junior
Av. Silva Jardim, Nº 2042, Conj. 505 – Água Verde – Curitiba/PR – Brasil
Tel. (41) 3342-7632 / 99972-1508
caf@jacyrleal.com.br – www.jacyrleal.com.br

SUPERCONSCIÊNCIA/FAMÍLIA DO FUTURO